BERLITZ®

BERLIN

- Besonders Interessantes ist mit dem Berlitz-Symbol 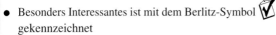 gekennzeichnet
- Praktische Informationen von A–Z finden Sie ab Seite 115
- Übersichtskarten zum Ausklappen und im Text erleichtern Ihnen Ihre Reiseplanung

Printed in Switzerland by Weber SA, Bienne.

1. Ausgabe (1994/1995)

Alle Informationen in diesem Reiseführer sind sorgfältig recherchiert und überprüft worden, erfolgen aber ohne Gewähr. Der Verlag kann für Tatsachen, Preise, Adressen und allgemeine Angaben, die fast ständig von Änderungen betroffen sind, keine Verantwortung übernehmen. Für Berichtigungen, Hinweise und Ergänzungen ist die Redaktion sehr dankbar.

Text:	Brigitte Lee, Jack Messenger und Jack Altman
Deutsche Fassung:	Jacques Buclin, Eike Hibbett, S. Amoos-Kerschner
Fotos:	Jon Davison
Gestaltung:	Suzanna Boyle
Kartografie:	Visual Image

Wir danken dem Verkehrsamt Berlin für seine Mithilfe bei der Vorbereitung dieses Reiseführers.

Umschlagfoto: *Brandenburger Tor*
© The Telegraph Colour Library (London)

INHALT

Berlin und die Berliner

Berlin – keine Stadt ruft soviele Gefühle hervor wie diese. Eine Stadt voller Geschichte, voller Mythos. Faszination dem einen, Alptraum dem anderen, Liebe, Mitleid, Sehnsucht, Furcht – wie erklärt man Berlin und die Berliner?

Geschichte auf Schritt und Tritt – doch auch Geschichte, die vielen verborgen bleibt. So gibt es im Rathaus Köpenick keinen Hinweis auf den armen Schuster Voigt, den »Hauptmann von Köpenick«. Oder wer weiß, daß wenige Meter weiter, im Schloß Köpenick, der spätere Preußenkönig Friedrich II. mit seinem Freund Katte vor dem Militärgericht stand? Und im Mausoleum hinter dem Schloß Charlottenburg ruht Preußens beliebteste Monarchin Königin Luise. Wieviele ahnen, wenn sie über die Corneliusbrücke in Charlottenburg gehen, daß dort die Leiche Rosa Luxemburgs aus dem Landwehrkanal gezogen wurde? Und viele der Großen Berlins liegen auf dem Dorotheenstädtischen Friedhof begraben: Bertolt Brecht, Heinrich Mann, Fichte, Hegel, Schinkel und andere mehr.

750 Jahre Berliner Geschichte – glanzvolle Zeiten, bedrückende Zeiten. Und für jede gibt es passende Symbole. Das noble Schloß Charlottenburg und die königlichen Baudenkmäler an der Straße Unter den Linden erinnern an die preußische Vergangenheit, das Brandenburger Tor versinnbildlicht die wiedergewonnene Einheit der Stadt.

Der Reichstag erinnert an vergangene deutsche Versuche, eine Demokratie aufzubauen, während das riesige Olympia-Stadion noch die bombastische Selbstdarstellung des Naziregimes verkörpert. Chaos und Zerstörung, die ihm folgten, haben im zerbombten Turm der Kaiser-Wilhelm-Gedächtniskirche ein Mahnmal gefunden, während die jüdische Gemeinde die Neue Synagoge restaurieren ließ, um ihre Verbundenheit mit Berlin zu unterstreichen. Heute steht Berlin als Symbol für die Veränderungen, die Europa in den letzten Jahren dieses Jahrhunderts so gründlich erschüttern.

Relikte der Teilung

Der Ostteil der Stadt ist in der Hauptsache das alte, dichtbesiedelte Zentrum, das mit seinen »Mietskasernen« in den

zwanziger Jahren das proletarische Theater Piscators und Brechts inspirierte: die Bezirke Mitte, Prenzlauer Berg, Pankow und Friedrichshain. Als Berlin nach dem Krieg geteilt wurde, war es nicht ganz unangemessen, daß der sowjetische Sektor einen großen Teil der Arbeiterviertel umfaßte, während großbürgerliche Stadtteile wie Dahlem und Charlottenburg zum Westen kamen.

Der Jubel über die Wiedervereinigung konnte jedoch nicht über Nacht alle Narben heilen. Wenn ein geteiltes Volk aus zwei unterschiedlichen Wirtschaftssystemen plötzlich wieder ein Volk ist, sind Konflikte unvermeidlich. Bis es dazu kommt, daß »zusammenwächst«, was »zusammengehört«, wie es Willy Brandt ausdrückte, wird noch einige Zeit vergehen, viel Geld investiert und viel Toleranz und guter Wille geübt werden müssen.

F
ür viele ist die Wiedervereinigung ein Grund zur Besinnung und Einkehr.

Mit Optimismus in die Zukunft

Der Fall der Mauer hat Berlin kulturell und wirtschaftlich enormen Auftrieb gegeben. So erweitert das Kulturforum im Tiergarten seine Konzerthallen und Kunstgalerien. Für die Restaurierung der Museumsinsel in der Spree bestehen ehrgeizige Pläne. Die Stadt besitzt nicht weniger als drei Opern, drei große Sinfonieorchester und zwei Nationalgalerien. Die großen Theater des ehemaligen Ost-Berlins, das Berliner Ensemble und das Deutsche Theater bilden jetzt zusammen mit West-Berlins Schaubühne eine internationale Hochburg der Theaterkunst.

Die Filmindustrie, deren Aushängeschild die Berliner Filmfestspiele sind, knüpft wieder an ihre große Zeit in den zwanziger Jahren an, die bei Potsdam gelegenen Babelsberger Studios sollen zu einem eigenen »Hollywood« in Berlin aufgebaut werden.

Weit über 100 000 Studenten, Professoren und sonstige Lehrkräfte arbeiten an den drei Universitäten und zahlreichen Forschungsinstituten. Zu der bereits bestehenden Textil-, Chemie-, Maschinenbau- und Elektroindustrie haben sich viele neue internationale Unternehmen gesellt.

Der Wandel ist überall sichtbar; zynische Zungen behaupten, Berlin sei zur größten Baustelle Europas geworden, aber gebaut wird vor allem, um dem ständig steigenden Bedarf an Büros und Wohnungen nachzukommen. Darüber hinaus wird der Reichstag in Zukunft wieder Hauptsitz der gesamtdeutschen Regierung sein; die Ausbaupläne sind entsprechend ambitiös. Der Potsdamer Platz war bereits während der Weimarer Republik voller Leben, heute ist er begehrter Standort für große Unternehmen. Am vormaligen Grenzposten Checkpoint Charlie soll ein amerikanisches »Business-Center« entstehen, an der Friedrichstraße baut man an Einkaufszentren, und im Osten werden verwahrloste Häuserreihen mit Kunstgalerien, Modeboutiquen und Zeitgeist-Cafés ausgeschmückt.

7

Die grüne Metropole

Neben seinem großen Kulturangebot besitzt Berlin von allen europäischen Metropolen die meisten Grünflächen. Über ein Drittel der 480 Quadratkilometer besteht aus Wäldern und Parks, Flüssen und Seen, Kanälen, die zum Wandern, Baden oder Segeln einladen. Neben Tiergarten und Spree im Stadtzentrum gibt es im Südwesten den Grunewald, die Havel und den Wannsee, im Norden den Tegeler Forst und See. Zahllose Schrebergartenkolonien und sogar ein paar richtige Bauerndörfer wie Lübars liegen innerhalb der Stadtgrenzen. Und auch der berühmte Müggelsee und die Wälder und Parks um Treptow und Köpenick sind nun wieder jedem zugänglich.

Auch das Hinterland lädt zu Ausflügen ein. Schnell ist man in Potsdam auf der anderen Seite der Glienicker Brücke und kann das Schloß Sanssouci besichtigen, das sich Friedrich der Große bauen ließ. Fahren Sie Boot auf dem Templiner See, durchstreifen Sie die Wälder und Parks in der Umgebung von Charlottenhof, Petzow und Werder, oder pilgern Sie zum Zisterzienserkloster von Lehnin bei Brandenburg.

Herz mit Schnauze

Und die Berliner? Sie sind das Faszinierendste an dieser Stadt. Sie sind hellwach für alles, was um sie herum geschieht und blitzschnell in ihren Reaktionen. Und sind immer in Scharen dabei, wenn es gilt, zusammenzuhalten, zuzupacken, vor dem Rathaus Schöneberg für die Freiheit zu demonstrieren oder nach dem Fall der Mauer das neue Jahr am Brandenburger Tor zu feiern. Und wenn es gar zu »dicke« kommt, dann lächeln sie ihr berühmtes »Uns kann keener«-Lächeln und spülen den Kummer mit einem Korn und 'ner Molle herunter. Ein Berliner verliert die Ruhe nicht! Mut und Witz der Einwohner dieser Stadt finden immer wieder Bewunderung.

Aber was macht den Berliner aus? Diese unvergleichliche Mischung aus Nüchtern-

Unter den Linden ist in kurzer Zeit eine Geschäftsstraße mit Auslagen in der neuesten deutschen Technologie und Design geworden.

heit, Schlagfertigkeit, Witz, Weichherzigkeit. »Außen Stacheldraht, innen Sahnebonbon«, sagte Tucholsky über die Berliner. Hier kam alles zusammen: Franzosen, Hugenotten, Österreicher, Polen und Russen, vor allem aber Juden, die sich im liberalen Preußen Bürgerfreiheit erhofften. Aber auch Schlesier kamen nach Berlin. (»Wat'n Berliner ist, der kommt aus Breslau«.)

In Berlin war man immer urban und kosmopolitisch zugleich. Auch heute noch. Heute sind es die Türken, die frisches Blut und eine neue »Szene« nach Berlin, und besonders nach Kreuzberg, bringen. Zwischen den Berlinern und der großen Zahl der

Wie überall gibt es auch in Berlin eine Straßenszene mit Malern, die ein Porträt von Ihnen anfertigen können.

türkischen Bürger herrscht zumeist gutes Einvernehmen, verdankt die Stadt doch vor allen ihnen eine erhebliche Bereicherung der Gastronomie und des sozialen Lebens.

Den Geist der Berliner kann man am besten in ihrer Sprache erkennen. Es ist ein Jargon, dem alles Prätentiöse verhaßt ist. Der Berliner Mutterwitz ist Sarkasmus mit Herz. Immer kritisch, immer messerscharf. Aber der Berliner ist auch weichherzig und sentimental – nur zeigen tut er es nicht offen. Herz mit Schnauze. So war der Berliner schon immer, so wird er auch bleiben. Niemand weiß, was die Zukunft der Hauptstadt des vereinten Deutschlands noch bringen wird, aber eins ist sicher: Berlin ist eine Stadt wie keine andere. Eine Stadt, die sich »jewaschen« hat.

Geschichte

Die deutsche Hauptstadt begann ihre Geschichte als Stadt ironischerweise als »getrennte« Stadt. Im 13. Jh. hatten es die beiden Rivalenstädte Cölln und Berlin hingegen mit der Vereinigung gar nicht eilig. Die Fischer von Cölln (dessen Name in dem des Bezirks Neukölln überlebt hat) wohnten auf einer Spreeinsel, die der heutige Mühlendamm mit dem Festland verband. Am Nordufer lag Berlin, wo vor allem Fuhrleute und Gastwirte lebten. Dank der Burg Köpenick, die beiden Orten nach Süden Schutz bot, bildeten Cölln und Berlin ein wichtiges Fernhandelszentrum auf der Route von Magdeburg nach Posen.

Obwohl die umliegende Region von den slawischen Sorben besiedelt war, bestand die Stadtbevölkerung bereits im 13. Jh. überwiegend aus Deutschen, aus Kaufleuten aus dem Rheinland, aus dem Westfälischen und aus Niedersachsen; später folgten Zuwanderer aus dem Harz und aus Thüringen.

Berlin und Cölln schlossen sich 1307 zusammen und nahmen gemeinsam den Kampf gegen die Raubritter auf, die in Brandenburg Kaufleute und Dorfbewohner tyrannisierten. Die aufblühende Stadt wurde Mitglied der Hanse und trieb Handel mit Roggen, Wolle und Eichenholz; außerdem diente sie als Umschlagplatz für Pelze und Felle aus Osteuropa. Das Leben soll im 15. Jh. recht angenehm gewesen sein, wie der reisende Historiker Johann Trithemius befand: »Das Leben besteht hier nur aus Essen und Trinken«.

Berlin blieb mehr oder weniger reichsunabhängig, bis Kurfürst Friedrich II. von Brandenburg 1448 die Stadt unterwarf, nachdem er den *Berliner Unwillen* mit Waffengewalt gebrochen hatte. Das Haus Hohenzollern sollte danach über 450 Jahre an der Macht bleiben.

Der Unabhängigkeitsdrang der Berliner zeigte sich erstmals in der Reformation, als sie allmählich die hohen Abgaben an die katholische Kirche leid waren. Sie bedrängten **11** ihren Kurfürsten Joachim II., Martin Luther zu folgen, und 1539 trat dieser denn auch zur Reformation über. Das Franziskanerkloster wurde in ein erfolgreiches Druck- und Verlagshaus umgewandelt und symbolisiert zusammen mit dem ersten unabhängig von der Kirche gegründeten Gymnasium den neuen humanistischen Geist und den aufkeimenden Kapitalismus.

Wie ganz Deutschland hatte auch Berlin unter den Verwüstungen des Dreißigjährigen Krieges zu leiden, um so mehr, als das Haus Brandenburg sich mit Protestanten und Katholiken gleichermaßen gut stellen wollte und sich am Ende beide zu Feinden machte. Außerdem brach in dieser Zeit dreimal die Pest aus, so daß die Stadt bei Kriegsende kaum mehr als 5000 Einwohner hatte – halb so viele wie vor dem Krieg.

Zeit der Preußen – und Napoleons

Unter dem Großen Kurfürsten Friedrich Wilhelm (1640-88) begann der große Aufstieg des brandenburgischen-preußischen Staates und somit die Geschichte Berlins als Hauptstadt, die zunächst zur Festung ausgebaut wurde. Als Neuankömmlinge kamen 50 reiche jüdische Familien nach Berlin,

*F*riedrich der Große überblickt das östliche Ende der Prachtstraße Unter den Linden.

Der König und die Kohlköpfe

Seine Vorliebe für die Armee trug Friedrich Wilhelm I. den Spitznamen »Soldatenkönig« ein. Er und seine Höflinge waren stets in Uniform gekleidet. Der König war ein einfacher, sehr frommer und reizbarer Mann, der eine Schwäche für die körperliche Züchtigung von Soldaten hatte und sich ständig und überall die Hände wusch. Sein größtes Vergnügen war ein schlichtes Beisammensein mit Kameraden bei einer guten Pfeife und einem Humpen Bier, Wein war ihm zu teuer. Kurz nach seiner Thronbesteigung bot er das Schloß zur Vermietung und die Königsresidenz in Berlin zum Verkauf an. Um die Schulden abzutragen, die seine Eltern durch extravagante Hofführung aufgetürmt hatten, kürzte er außerdem die Gehälter der Hofangestellten von 250 000 auf 50 000 Silbertaler, verkaufte die prächtigen Krönungsgewänder, ließ das Palastsilber einschmelzen und veranlaßte, daß in den Gärten des Charlottenburger Schlosses Kohl anstelle von Blumen gepflanzt wurde.

die 1671 aus Wien vertrieben wurden. Ihnen folgten 14 Jahre später 5600 Hugenotten, die aus Frankreich geflohen waren, nachdem Ludwig XIV. das Toleranzedikt von Nantes aufgehoben hatte. Zu einer Zeit, als Frankreich Europas kultureller Lehrmeister war, brachten diese exzellenten Kaufleute und Handwerker, Juweliere, Schneider, Konditoren und Gastronomen eine verfeinerte Lebensweise auf allen Gebieten in die Stadt.

Diese Entwicklung wurde auch vom Sohn des Großen Kurfürsten gefördert, der sich 1701 in Königsberg als König Friedrich I. *in* (nicht *von*) Preußen krönen ließ. Angeregt von seiner hochgebildeten Gemahlin Sophie Charlotte, die mit Leibniz befreundet war, gründete der König in Berlin die Akademien der Künste und Wissenschaften. Der Barockbaumeister Andreas Schlüter wurde mit der Umgestaltung des Königspalastes beauftragt, **13** der 1950 abgerissen wurde, um dem Ost-Berliner Palast der Republik Platz zu machen, aber die Residenz von Sophie Charlotte, Schloß Charlottenburg, spiegelt noch heute die Eleganz jener Epoche wider.

König Friedrich Wilhelm I. (1713-40) war der glanzvolle Herrschaftsstil seiner Eltern zuwider. Der »Soldatenkönig« machte das Heer zum Mittelpunkt des Staates und unterwarf die bisher so lebensfrohen Berliner dem »Preußentum«, d.h. strenger Ordnung und Sparsamkeit und unbedingter Pflichttreue.

Für Friedrich den Großen (1740-86), dem *Alten Fritz*, war die preußische Großmachtstellung in Europa von wichtigster Bedeutung. Künstlerisch und geistig hochinteressiert, konzentrierte er sich darauf, sein geliebtes Potsdam in ein Klein-Versailles zu verwandeln, in dem nur Französisch gesprochen wurde und Voltaire der Hausphilosoph war. In Berlin ließ sich der König nur selten blicken, meist nur, um nach den kostspieligen Kriegen gegen die Schlesier,

Russen und Österreicher Steuern einzuziehen. Ein bleibendes Vermächtnis hinterließ er der Stadt allerdings: Unter den Linden ließ er von dem Architekten Georg von Knobelsdorff das monumentale Forum Fridericianum entwerfen.

Unter Friedrichs Nachfolgern verfiel der preußische Staat der inneren Erstarrung. Als Napoleon I. auf seine Eroberungskriege ging, konnte das preußische Heer es nicht mit dessen *Grande Armée* aufnehmen. 1806 zog Napoleon ungehindert durch das Brandenburger Tor nach Berlin ein – Hof, Bürger- und Beamtentum waren geflohen.

Deutschlands Hauptstadt

Zwei Jahre lang befand sich Berlin unter französischer Besatzung. In dieser Zeit hielt der Philosoph Johann Gottlieb

Kein Zweifel – das Preußentum bestimmte den Gang der Geschichte.

14

Fichte seine glühenden »Reden an die deutsche Nation«, die meistens von den Trommeln französischer Soldaten übertönt wurden, die Unter den Linden entlangmarschierten.

Noch unter dem Eindruck der Französischen Revolution entwickelte sich Berlin zu einem geistigen Mittelpunkt, wobei die Salons gebildeter und geistreicher Frauen viele bedeutende Zeitgenossen anzogen. Lesecafés, wie Spargnapani und Kranzler wurden zum Treffpunkt der Intellek-

tuellen. 1810 wurde die Humboldt-Universität gegründet.

Mit Zunahme der Industrialisierung wuchsen auch Arbeitslosigkeit und soziales Elend in Berlin. Ein Proletariat von 50 000 Arbeitern lebte zusammengepfercht in den berüchtigten *Mietskasernen*. In der »Märzrevolution« von 1848 machte die preußische Kavallerie den Protestdemonstrationen gegen die Arbeits- und Lebensbedingungen in Berlin gewaltsam ein Ende, 230 Menschen kamen dabei

ums Leben. Der König machte kleine Zugeständnisse an die Forderungen nach Pressefreiheit und einer konstitutionellen Monarchie, hob sie aber bereits ein Jahr später wieder auf.

Mit Preußens Sieg im Deutsch-Französischen Krieg von 1870/71 fand die Reichsgründung ihren Abschluß. Wilhelm I. wurde *Deutscher Kaiser* und Otto von Bismarck, der »Eiserne Kanzler« der erste *Reichskanzler*. Berlin wurde *Reichshauptstadt*. Während der *Gründerzeit* erlebte die Stadt einen ungeahnten wirtschaftlichen Aufschwung, sie wurde zur größten Industriestadt des Reiches. Die Einwohnerzahl überschritt bereits 1880 die Millionengrenze. Im Jahre 1907 wurde das Kaufhaus des Westens (KaDeWe) eröffnet, heute das drittgrößte Einkaufszentrum der Welt.

Die politische Hauptstadt Deutschlands entwickelte sich jetzt endlich auch zur kulturellen und geistigen Hauptstadt. Die Berliner Künstler Max Liebermann, Lovis Corinth und Max Slevogt forderten **16** Münchens Führungsrolle in der Malerei heraus; 1905 übernahm der große Wiener Theatermann Max Reinhardt das Deutsche Theater; die Berliner Philharmoniker begründeten ihr internationales Ansehen und konnten Tschaikowski, Grieg und Richard Strauß als Gastmusiker gewinnen.

Von den Berliner Wissenschaftlern bekam Robert Koch den Nobelpreis für die Entdeckung des Tuberkulose-Bazillus, und der Physiker Max Planck leitete die neue Kaiser-Wilhelm-Gesellschaft zur Förderung der Wissenschaften, aus der später das Max-Planck-Institut wurde. An der Spitze seiner Physikabteilung stand Albert Einstein, und es heißt, daß von den zehn Menschen, die seinerzeit überhaupt Einsteins Relativitätstheorie verstanden, acht in Berlin lebten.

Krieg und Revolution

So oft die Berliner auch Kritik an der Sozialpolitik der preußischen Monarchen geübt hatten, so stark war 1914 ihre Unterstützung für die letzte militärische Aktion der Hohenzollern, den Ersten Weltkrieg. Doch Nahrungsmittelknappheit und die schrecklichen Verluste an der Front ließen die anfängliche Begeisterung schon bald ins Gegenteil umschlagen. Karl Liebknecht und Rosa Luxemburg gründeten 1916 den Spartakus-Bund, den Vorläufer der Kommunistischen Partei. Zwei Jahre später, nach der deutschen Kapitulation und Aufständen in Kiel, München, Hamburg und Stuttgart, brach in Berlin die Revolution aus. Soldaten und Arbeiter verbrüderten sich und fuhren mit Maschinengewehren und roten Fahnen auf Lastwagen durch die Stadt. Das Ende der Monarchie war gekommen, am 9. November wurde die die Republik ausgerufen: von den Sozialdemokraten im Reichstag, aber am selben Tag auch von Liebknecht im Schloß, der dort verkündete, daß die Republik sozialistisch sei und unter der obersten Gewalt von Arbeitern und Soldaten stehe.

Aber die Sozialdemokraten wollten eine Revolution nach sowjetischem Muster unbedingt verhindern; ihrem Kanzler Friedrich Ebert gelang es, die Spartakisten auszumanövrieren. Am 15. Januar 1919 wurden Karl Liebknecht und Rosa Luxemburg ermordet (eine Gedenktafel am Lützowufer erinnert an die Stelle, wo Rosa Luxemburgs Leichnam aus dem Landwehrkanal geborgen wurde). Vier Tage später wurde eine neue Nationalversammlung gewählt, und die Parlamentarierer zogen sich nach Weimar zurück, um dort, weg vom unruhigen Berlin, die Verfassung für die neue Republik auszuarbeiten.

Die Zwanziger Jahre

Mit dem Einsatz der Freikorps gegen den Spartakus-Bund stand das Schicksal der Weimarer Republik von Anfang an unter einem ungünstigen Stern. Beim Kapp-Putsch im März 1920, der die parlamentarisch-republikanische Staatsform beseitigen sollte, wurde eine 5000 Mann starke Marinebrigade in die Stadt kommandiert. Der Coup dauerte zwar nur fünf Tage, hatte aber der zerbrechlichen Demokratie den **17** ersten Stoß versetzt. Die Hakenkreuze auf den Freikorpshelmen sollten später auf den Armbinden von Hitlers SA wieder auftauchen.

Die turbulenten »goldenen« zwanziger Jahre prägten in den Augen der Welt ein ganz besonderes Bild von Berlin. Die Einwohnerzahl der Stadt verdoppelte sich 1920 durch die Eingemeindung von acht benachbarten Städten und rund 60 Berliner Vorortgemeinden über Nacht auf vier Millionen.

Bis zum Ende der Demokratie im Jahre 1933 führte Berlin eine Art »verzaubertes Leben«, dessen aufregende Kreativität in ganz Europa ihre Wellen schlug. Das starre Preußentum war mit dem verlorenen Ersten Weltkrieg verschwunden, und die Hauptstadt war radikalen, exzentrischen, ja, oft exzessiven Ideen zugänglich, deren gesellschaftliche und künstlerische Ausdrucksformen in den alten Kulturhauptstädten Wien, London und Paris unvorstellbar waren.

Der Dadaismus, der die fragwürdig gewordene bürgerliche Kultur lächerlich machen wollte, hielt auch in Berlin Einzug und zählte sozialkritische Künstler wie George Grosz und Walter Mehring zu seinen Anhängern.

Nachtklubs an der Tauentzienstraße boten Striptease, vermischt mit spitzer politischer Satire. Alkohol, Haschisch und sexuelle Freizügigkeit begleiteten scharfe Analysen der Weltlage. Die Grafiken und Bilder von Dix, Grosz und Beckmann waren von brutalem Realismus. Ihren musikalischen Ausdruck fanden diese dissonanten Zeiten in der Musik Arnold Schönbergs und Alban Bergs.

Das konservative Establishment mußte zusehen, wie die Preußische Dichterakademie Heinrich Mann zu ihrem Präsidenten machte. Thomas Manns älterer Bruder war ein scharfer Kritiker der deutschen Bourgeoisie und Anhänger der Kommunistischen Partei.

Sein bekanntester Roman, *Professor Unrat*, diente Josef von Sternberg als Vorlage für seinen Film *Der Blaue Engel*, mit dem Marlene Dietrich berühmt wurde.

Ein Gespür für das 20. Jh. bewies Berlin auch auf der Leinwand. Fritz Lang, F.W. Murnau, G.W. Pabst und Ernst Lubitsch waren die führenden Regisseure ihrer Generation mit Filmen wie *M, Caligari, Nosferatu* und *Lulu*.

Anfang der zwanziger Jahre wurde das politische Klima durch die Inflation weiter angeheizt. Politischer Mord war an der Tagesordnung. Das bekannteste Opfer war 1922 der deutsche Außenminister Walter Rathenau, ein Jude und aufgeklärter Demokrat.

Berlin war Schauplatz brutaler Straßenschlachten zwischen kommunistischen und nationalsozialistischen Gruppen, die aus Inflation und Arbeitslosigkeit Kapital zu schlagen versuchten.

Das Dritte Reich

Als die Zahl der Erwerbslosen immer weiter anstieg, schlossen sich die verzweifelten Massen den radikaleren Parteien an, und die Feindseligkeit der Kommunisten gegenüber den Sozialdemokraten spaltete die Opposition gegen den Nationalsozialismus.

Hitler wurde am 30. Januar 1933 Reichskanzler. Einen Monat später ging der Reichstag in Flammen auf. Hitler nutzte den Brand als willkommenen Vorwand, um Kommunisten und andere Linksoppositionelle aus dem politischen Leben auszuschalten. Das Terror-Regime der Nationalsozialisten hatte begonnen.

Flammen sollten das Leitmotiv des Dritten Reichs in Berlin bleiben. Am 10. Mai 1933 zogen Tausende von Studenten durch die Straße Unter den Linden zur Humboldt-Universität, um dort Bücher von Thomas und Heinrich Mann, Stefan Zweig, Albert Einstein und Sigmund Freud, von Proust, Zola, Gide, H.G. Wells, Upton Sinclair, Jack London und von anderen »reichsfeindlichen« Autoren zu verbrennen.

Im Jahre 1936 symbolisierte die olympische Flamme einen persönlichen Triumph für Hitler und das trotz einiger sportlicher Niederlagen. Kaum waren die Spiele vorüber, ging **19** die Diskriminierung der Juden weiter, die man der ausländischen Besucher wegen unterbrochen hatte. An Geschäften, Hotels und Cafés hingen wieder die Schilder mit der Aufschrift »Juden unerwünscht«. In der Nacht vom 9. auf 10. November 1938, der berüchtigten »Reichskristallnacht« wurden Synagogen, Geschäfte und Wohnungen jüdischer Bürger niedergebrannt und geplündert. Mit dieser Nacht begann die radikale Judenverfolgung, in der Juden in Konzentrationslager verschleppt, manche von den Berlinern versteckt wurden und einige sich durch Auswanderung retten konnten. Von den 170 000 Juden im Jahre 1933 waren bei Kriegsende 7272 verblieben.

Der Zweite Weltkrieg

Hitlers Machtergreifung und seine rassenideologischen Expansionspläne sollten sich nicht auf Deutschland beschränken, sein Endziel war die Weltherrschaft Mit dem Angriff auf Polen am 1.9.1939 begann der 2. Weltkrieg. Berlin wurde stark vom Bombenhagel der Alliierten getroffen, erstmals 1940, als die Briten Vergeltung für den deutschen Angriff auf London übten, und dann besonders schlimm am 6. Februar 1945, als vier Quadratkilometer der Innenstadt innerhalb einer Stunde dem Erdboden gleichgemacht wurden. Insgesamt mußte Berlin allein ein Siebtel aller Zerstörungen in Deutschland hinnehmen.

Hitler verschanzte sich die letzten Tage im Bunker unter der Reichskanzlei. Als sowjetische Truppen in die Stadt marschierten, machte er seinem Leben selbst ein Ende.

Der Krieg endete am 8. Mai 1945 mit der bedingungslosen Kapitulation Deutschlands. Danach räumten 60 000 *Trümmerfrauen* den Schutt zur Seite, um Platz für den Wiederaufbau der Häuser zu schaffen. Sie klopften Steine, damit man sie für den Aufbau wiederverwenden konnte. Der Schutt wurde in mehrere Hügel aufgetürmt, von denen der Teufelsberg im Grunewald so hoch wurde, daß dort im Winter skigelaufen wird.

Die geteilte Stadt

Im Potsdamer Abkommen im Sommer 1945 wurde über die Zukunft Deutschlands beschieden. Berlin wurde der gemeinsamen Verwaltung der vier Siegermächte unterstellt, die 1948 zerbrach, als die Sowjets die Spaltung einführten: Fortan sollte es Ostberlin als Hauptstadt der DDR geben und Westberlin, das zu einem Land der BRD mit Sonderstatus wurde.

Der sowjetische Ostsektor umfaßte knapp die Hälfte des Stadtgebiets; die Franzosen blieben im nördlichen Gebiet um den Flughafen Tegel, die Briten im Zentrum vom Tiergarten bis Spandau und die Amerikaner im Südwesten von Kreuzberg bis zum Grunewald und Wannsee. Zunächst hatte es noch im Oktober 1946 seit 1933 die ersten für lange Zeit einzigen freien Kommunalwahlen für ganz Berlin gegeben, bei denen die Sozialdemokraten die Mehrheit erlangten.

Mit der fast einjährigen Blockade Berlins (1948/49),

Im Cecilienhof wurde 1945 im Potsdamer Abkommen in Deutschlands Zukunft eingegriffen.

der Sperrung aller Bahn-, Schiffs- und Straßenverbindungen nach Berlin, sollte die Versorgung der Stadt komplett abgeschnitten werden. Die Westalliierten begegneten der Blockade mit einer »Luftbrücke«, über die elf Monate lang jeden Tag 4000-8000 Tonnen **21**

Lebensmittel und andere wichtige Versorgungsgüter in Flugzeugen, den »Rosinenbombern«, von Hamburg, Hannover und Frankfurt nach Berlin befördert wurden. Durch ihr tapferes Aushalten und das Ertragen großer Enbehrungen trugen die Berliner selbst aber auch viel dazu bei, den russischen Versuch, Westberlin zu Fall zu bringen, abzuwehren.

Im Ostteil der Stadt kam es erstmals am 17. Juni 1953 zum offenen Aufstand im Ostteil der Stadt. Streikende Bauarbeiter marschierten die Stalinallee hinunter (später in Karl-Marx-Allee umbenannt) und demonstrierten energisch gegen die Regierung Walter Ulbrichts. Ihr Protest richtete sich gegen steigende Produktivitätsnormen bei anhaltend niedrigem Lebensstandard. Noch am selben Tag wurde der Aufstand von sowjetischen Panzern gänzlich niedergewalzt.

Am Ende der fünfziger Jahre hatte der Flüchtlingsstrom in den Westen für die DDR katastrophale Ausmaße angenommen. Mehr als drei Millionen ihrer Bürger waren geflohen, über die Hälfte davon hatten den Weg über die kaum kontrollierte Innerberliner Grenze genommen. Der Verlust an qualifizierten Arbeitskräften, Ärzten und Ingenieuren führte schließlich zum Entschluß des damaligen sowjetischen Ministerpräsidenten Chruschtschow und der DDR-Führung, das Ausbluten mit Gewalt zu beenden.

In den Morgenstunden des 13. August 1961 begannen Arbeiter und Soldaten mit dem Bau der Mauer, die fast 30 Jahre lang Ost- und West-Berlin, Freunde und Verwandte voneinander trennen sollte. Es begann mit Stacheldraht und Straßensperren. Immer noch gelang es Flüchtlingen, die neuen Barrieren zu überwinden, durch Abwässerkanäle zu schwimmen oder von Gebäuden und S-Bahn-Brücken nach West-Berlin zu springen. Bald schon bildeten riesige Betonelemente und Panzerfallen ein unüberwindbares Hindernis. Passierstellen wurden eingerichtet, aber nur für Ausländer und Westdeutsche. West-Berliner durften den Ostteil erst viel später wieder besuchen, und auch nur in spärlicher Zahl.

Für den Westen wurde Berlin durch den Mauerbau zu einem noch mächtigeren Symbol des Freiheitswillens. John F. Kennedy unterstrich bei seinem Besuch 1963 die Garantie der westlichen Allianz für Berlin mit dem berühmten Satz »Ich bin ein Berliner«. Mit der Bemalung der Mauer auf der Westseite wurde sie sogar zu einer Art Touristenattraktion

Von kleinen Ausnahmen abgesehen, versiegte der Flüchtlingsstrom mit dem Bau der Mauer, doch die ostdeutsche Wirtschaft litt unter den weitaus verheerenderen Folgen sozialistischer Mißwirtschaft und der Korruption auf hoher politischer Ebene. Es gelang Honecker und seinem Regime

Das verschwundene Denkmal

Die Mauer ist fort, aber nicht vergessen. Während kleine und große Mauerreste Kaminsimse und Museen »schmücken«, wurde in Berlin alles getan, um die Spuren vom Erdboden, wenn schon nicht aus der Erinnerung zu tilgen.

Für den Mauerbau war die Ulbricht-Regierung verantwortlich. Aus einem provisorisch errichteten Stacheldrahtzaun wurde rasch eine massive, vier Meter hohe Mauer (oben abgerundet, um Kletterern keinen Halt zu bieten); dahinter, gesichert durch einen elektrischen Zaun, erstreckte sich ein 50 m breiter Sandstreifen – ein Niemandsland mit Wachtürmen, Minenfeldern und Suchscheinwerfern. Im nördlichen Teil des Bezirks Wedding verlief die Bernauer Straße unmittelbar an der Grenze entlang, eine Seite im Westen, eine im Osten.

In den ersten Tagen nach dem Mauerbau im August 1961 sprangen Menschen aus den Fenstern im ersten und zweiten Stock, bis die Häuser zugemauert und später gesprengt und die Fassaden in die Mauer einbezogen wurden. 91 Menschen wurden bei Fluchtversuchen von den DDR-Grenzpolizisten erschossen, das letzte Todesopfer gab es am 6. Februar 1989.

23

MEILENSTEINE DER GESCHICHTE

Anfänge
1237-1244	Cölln und Berlin erstmals schriftlich erwähnt.
1307	Zusammenschluß der beiden Siedlungen.
1486	Friedrich II. begründet die Herrschaft der Hohenzollern.

Reformation
1539	Kurfürst Joachim II. tritt auf Drängen der Berliner zum Protestantismus über.
1671-1685	Jüdische und hugenottische Flüchtlinge schaffen kosmopolitische Atmosphäre.
1696-1700	Gründung verschiedener Akademien.

Preußens Aufstieg
1740-1786	Errichtung bedeutender Baudenkmäler Unter den Linden durch Friedrich den Großen.
1791	Fertigstellung des Brandenburger Tores.
1806-1808	Napoleonische Besatzung.
1810	Universitätsgründung durch Humboldt.
1848	Demokratischer Aufstand niedergeschlagen.

Deutsche Hauptstadt
1871	Reichsgründung mit Berlin als Hauptstadt.
1918	Ausrufung der Republik im Reichstag.
1920	Durch Eingemeindung von Vororten wächst Berlin auf 4 Millionen Einwohner.
1933	Errichtung der Hitlerdiktatur nach Reichstagsbrand.
1936	Olympische Spiele.
1938-9	Zerstörung jüdischer Synagogen und Häuser.
1939-1945	Einwohnerzahl sinkt von 4,3 auf 2,8 Millionen.

Der Weg zur Einheit
1948-1949	Luftbrücke bricht sowjetische Blockade.
1953	17. Juni: Sowjetische Panzer walzen Volksaufstand in Ost-Berlin nieder.
1961	Bau der Mauer.
1987	Getrennte 750-Jahr-Feiern in Ost und West.
1989	Sturz des SED-Regimes; Maueröffnung 9. Nov.
1991	Sitz der Regierung und des Parlaments.
1991	20. Juni: Beschluß, Regierung und Parlament Deutschlands wieder nach Berlin zu verlegen.

zwar, internationale diplomatische Anerkennung für Ost-Berlin als Hauptstadt der DDR zu erlangen, und man versuchte sogar, mit prachtvollen Hotelbauten und Hochhäusern ein imposantes Gegengewicht zu West-Berlin zu schaffen. Doch unter der Oberfläche führten die unbefriedigenden Lebensbedingungen und der Mangel an persönlicher Freiheit dazu, daß die Regierung keinen wirklichen Rückhalt in der Bevölkerung fand.

Aus dem Protest Leipziger Umweltschützer gegen die Zerstörung der Natur und gegen Atomwaffen wurde eine landesweite Bewegung für mehr demokratische Rechte. Die Flucht Tausender DDR-Bürger über Ungarn, die Ex-Tschechoslowakei und Polen riß das Land 1989 endgültig in den Strudel der Revolutionen, den die Reformen Michail Gorbatschows in Osteuropa ausgelöst hatten. Der Besuch des Kreml-Chefs in Ost-Berlin zum 40. Jahrestag der Deutschen Demokratischen Republik im Oktober machte klar, daß die Sowjettruppen das marode Regime nicht mehr stützen würden. Am 9. November 1989 wurde die Mauer geöffnet. Nicht einmal elf Monate später, am 3. Oktober 1990, läuteten Kirchenglocken um Mitternacht die deutsche Einheit ein, und vor dem Reichstag wurde die schwarz-rot-goldene Fahne gehißt. Die Teilung Berlins gehörte nun der Vergangenheit an.

Berlin heute

Mit fast dreieinhalb Millionen Einwohnern im Juni 1990 ist Berlin, nun wieder Hauptstadt, mit Abstand die größte deutsche Stadt. Ausländische Geschäftsleute und Bankiers strömten in Scharen herbei, doch in Bonn und auch unter vielen Landespolitikern regte sich zunächst verständlicher Widerstand gegen eine zu starke Machtballung in Berlin. Am 20. Juni 1991 beschloß der Bundestag, den Sitz der Regierung bis zum Jahre 2000 nach Berlin zu verlegen. Zunächst einmal aber haben Wohnungsbau, Arbeitsplätze und Verkehrsprobleme den Vorrang. **25**

Sehenswertes

Die Stadt Berlin hat eine Gesamtfläche von 883 km^2 und ist damit über achtmal so groß wie Paris. Wer alles sehen will, sollte sich etwas Zeit für die Planung nehmen. Die meisten Orte kann man mühelos über das ausgezeichnete Netz von U- und S-Bahnen erreichen, auch entlegenere Ziele wie die Dahlem-Museen, Parks und Seen im Grunewald, Spandau und die Sommerpalais in Potsdam. Staus und Parkprobleme machen das Autofahren sowieso zur Geduldsprobe.

Um einen Überblick zu bekommen, sollten Sie vielleicht zuerst einmal eine Stadtrundfahrt machen, zum Beispiel mit einem der Busse, die am Ostende des Kurfürstendamms abfahren. Bei den Bootsfahrten auf der Spree, Havel und dem Landwehrkanal lernen Sie auf erholsame Art und Weise Gegenden im Ost- und Westteil Berlins kennen, die man vom Bus aus normalerweise nicht sehen kann.

Eine preiswerte Rundfahrt bietet der Bus Nr. 100, der regelmäßig zum Normaltarif zwischen Bahnhof Zoo und Alexanderplatz pendelt; es geht dabei die alte Prachtstraße Unter den Linden entlang, durch das Brandenburger Tor und am Reichstag vorbei.

Der beste Ausgangspunkt für eine Besichtigungstour ist

Die Hauptattraktionen

Wer Berlin nur einen kurzen Besuch abstattet oder vor einer längeren Tour schon mal das Wichtigste sehen möchte, sollte folgende Attraktionen ansteuern (in beliebiger Reihenfolge):

nach wie vor die Gegend um den Kurfürstendamm mit ihren Informationszentren und Besuchereinrichtungen. Die Touristen-Information (Fremdenverkehrsamt) an der Budapester Straße im Europa-Center versorgt Sie mit Karten, Broschüren und anderen nützlichen Informationen.

Symbol einer geteilten Stadt – die Berliner Skulptur am unteren Ende des Kurfürstendamms.

Der Kurfürsten-damm

Berlins renommierteste Straße, der dreieinhalb Kilometer lange **Kurfürstendamm** oder kurz Ku'damm genannt, läuft quer durch das nach dem Krieg entstandene Zentrum, das die Form eines Dreiecks hat und von der Leibnizstraße, Hardenbergstraße, Tauentzienstraße und Lietzenburger Straße begrenzt wird. Hier befinden sich inmitten von bunt schillernden Neonlichtern die wichtigsten

27

Geschäfte, Restaurants, Cafés, Imbißstuben, Kinos, Theater und Kunstgalerien.

Beeindruckt von der Fortsetzung der Pariser Champs-Elysées bis zum Bois de Boulogne, wollte Bismarck den Ku'damm bis zum Grunewald verlängern. Doch dieser kühne Plan wurde niemals Wirklichkeit, so daß die Prachtstraße am Ende nur die Kaiser-Wilhelm-Gedächtniskirche mit der Bahnstation Halensee verband.

In der **Tauentzienstraße** stehen die eng ineinander verschlungenen Stahlrohre der *Berlin-Skulptur,* die im Jahre 1987 zum 750. Geburtstag der Stadt errichtet wurde und deren sich fast berührende Teile die (damalige) Trennung Berlins darstellen.

Auf dem belebten **Wittenbergplatz** am äußeren Ende der Tauentzienstraße befinden sich mehrere Mahnmale, die eindrucksvoll der Greuel der Nazi-Zeit gedenken.

Die U-Bahn-Station wurde in schönstem Art-Deco-Stil der 20er-Jahre restauriert und mit zeitgemäßen Plakaten sowie einer großen Standuhr und Fahrkartenschaltern aus Holz ausgeschmückt.

Das **KaDeWe** an der Tauentzienstraße ist schon fast ein Denkmal. Das 1907 errichtete Kaufhaus des Westens, so sein voller Name, gilt heute als das drittgrößte der Welt.

Besonders beeindruckend ist die Warenvielfalt in der Lebensmittelabteilung im 6. Stock. Hier können die Feinschmecker auf den Barhockern thronend, Lebensmittel aus allen Teilen der Welt probieren. Ein Geschoß höher im glasbedachten Wintergarten können Sie bei feinster Verpflegung das geschäftige Treiben in der Straße beschauen.

Am östlichen Ende des Ku'damms beim Europa-Center liegt der **Breitscheidplatz**, auf dem Sie um Joachim Schmettaus 1983 erbauten, meist liebevoll »Wasserklops« genannten **Weltkugelbrunnen** Vorführungen von Straßentheater-Ensembles erleben können. Der gespaltene Globus versinnbildlicht die ehemalige Ost-West-Teilung.

Die Ruine **Kaiser-Wilhelm-Gedächtniskirche** erhebt sich

ermahnend darüber. Die Bombenangriffe von 1943 und der Artilleriebeschuß kurz vor Kriegsende ließen den Turm fast die Hälfte seiner ursprünglichen Höhe einbüßen (er schrumpfte von 113 m auf 63 m). Neben die Turmruine hat der Architekt Egon Eiermann 1961-63 die moderne achteckige Kirche, eine Kapelle mit dem Altarbild *Der Gekreuzigte* von Ernst Barlach und einen sechseckigen Turm gestellt. Durch das Glas aus Chartres in seinen gitterartigen Betonwänden fällt nachts ein blauer

Das KaDeWe ist ein gleißendes High-tech-Monument an die deutsche Kauflust.

Lichtschein auf den Kurfürstendamm.

Die Überreste der neuromanischen Kirche, die 1895 zu Ehren Wilhelms I. erbaut wurde, sind eine Gedenkhalle, die an die Verbindung von Thron und Altar unter den Hohenzollern erinnern. Ein Mosaik von Christus als Weltbeherrscher **29**

Berlins herrlicher Zoo mitten in der Stadt ist der zweitgrößte der Welt.

findet sich über Friesen und Reliefs preußischer Monarchen von Kurfürst Friedrich I. (1415-40) bis zum letzten, 1951 verstorbenen Kronprinzen Friedrich Wilhelm. An einer Wand ist der Kaiser im Gespräch mit Bismarck und den Feldmarschällen Moltke und Roon zu sehen. Die Berliner, die bekanntlich wenig Respekt vor kaiserlich-kirchlich-politischer Eminenz zeigen, ließen es sich nicht nehmen, der Kirche und ihren beiden **30** Anbauten Spitznamen zu ver-passen: »Hohler Zahn«, »Lippenstift« und »Puderdose«.

Hinter der Kirche, zwischen der Tauentzien- und Budapester Straße, liegt das 1960 erstellte **Europa-Center**. Eine des nachts gelb und rot gleißende Skulptur schmückt den Eingang, im Innern gibt es zahllose Geschäfte, Restaurants, ein Spielkasino, Kabarett und ein Hotel mit Wasserbassin. Die Glasröhren mit ihrer gelblich perlenden Flüssigkeit sind kein chemisches Versuchslabor, sondern eine ausgeklügelte Wärmeuhr. Das vom weithin sichtbaren Mercedes-Stern gekrönte Dachgeschoß mit seiner Aussichtsplattform kann besucht werden und bietet schöne Aussichten über die Stadt.

An der Ecke Kurfürstendamm und Joachimstaler Straße befinden sich **Wertheim** und **Ku'damm-Eck**. Architektonisch keine Augenweide, bietet die Ecke aber eine riesige, computergesteuerte **Wandzeitung** mit ständig wechselnden Bildern und Nachrichten. Außerdem gibt es hier ein **Wachsfigurenkabinett**.

Großer Beliebtheit erfreut sich der **Zoologische Garten** (Eingang an der Budapester Straße). Er verfügt über eine der vielseitigsten Tiersammlungen Europas. Hinter dem bunten **Elefantentor** liegen 35 Hektar Parkfläche, in der sich Riesenpandas aus China, indische und afrikanische Elefanten und seltene Nashörner aus Indien tummeln.

Früher oder später kommt jeder einmal zum Promenieren auf den Kurfürstendamm. Ein guter Ort zum beschaulichen Betrachten der Passanten und zum Genießen von Kaffeehausatmosphäre ist das **Café Kranzler**, Ecke Joachimstaler Straße, eine richtige Berliner Institution. Es geht dort heute entschieden bürgerlich zu, im Gegensatz zum früheren Standort Unter den Linden, wo 1848 radikale Intellektuelle heiße Diskussionen führten.

Leider wurde die Jugendstilarchitektur des Kurfürstendamms im Zweiten Weltkrieg fast völlig zerstört, nur im eleganten **Café Möhring** schräg gegenüber sind noch Spuren davon erhalten geblieben. Beachten Sie auch die elegante Art-Deco-Fassade am Haus Nr. 52. Im übrigen hat der Boulevard viel von seinem Gesicht verloren, indem stereotype Betonarchitektur den Jugendstil ersetzt hat. Zum Schaufensterbummeln ist er aber immer noch der beste Ort.

Wenn Sie vom Kurfürstendamm in die Fasanenstraße abbiegen, finden Sie im Haus Nr. 79 das **Jüdische Gemeindezentrum**. Von der Synagoge, die hier 1938 in der Reichskristallnacht niedergebrannt wurde, blieb nur der Eingang erhalten. Der Neubau dient als Kulturzentrum für die etwa 10 000 jüdischen Bürger, die noch in Berlin leben. 1933 waren es 170 000, ein Drittel aller Juden in Deutschland. Im Restaurant *Arche Noah* im Community Center gibt es koscheres Essen und dienstags ein Nachtbuffet.

31

Durch die Kantstraße gelangen Sie zum vornehmen **Savignyplatz**, wo Sie in den Gewölben der S-Bahn sehr gute Kunstgalerien und -buchläden sowie Bistros, Bars und Cafés mit Tischen im Freien finden, vor allem in der Grolman- und der Mommsenstraße. Erkunden Sie auch die Seitenstraßen am Ku'damm; viele sind von stattlichen Villen, Kunstgalerien und exklusiven Boutiquen gesäumt. Die Fasanenstraße mit ihren architektonisch schönen Häusern ist ganz besonders einen Besuch wert.

Zurück zum Ku'damm – An der Ecke Kurfürstendamm und Fasanenstraße steht das **Bristol Hotel Kempinski**, das auf eine lange und wechselvolle Geschichte zurückblickt und seit langem prominente Gäste vom Film und Theater beherbergt.

An der Ecke Uhlandstraße schräg gegenüber befindet sich das **Maison de France** mit einem der schönsten Kinosäle Berlins, dem Cinema Paris.

Gegenüber dem U-Bahn-Eingang steht die futuristische Uhr, die mit Blinken und Leuchten die Zeit angibt.

Rund um den Tiergarten

Der **Tiergarten** war früher einmal ein Wald, in dem die Hohenzollernfürsten Rot- und Schwarzwild jagten. Friedrich der Große ließ den Wald roden und für seinen Bruder August Ferdinand einen streng geometrischen französischen Garten mit breiten Wegen gestalten. Schließlich machte man im 19. Jh. mit neugepflanzten Bäumen einen romantischen englischen Landschaftsgarten daraus. Im Zweiten Weltkrieg gingen die Bäume wieder verloren, da die Berliner Brennholz benötigten. Alle Gewächse, die heute im Tiergarten zu sehen sind, hat man seit 1950 gepflanzt. Sie umgeben hübsche kleine Seen, auf denen man Boot fahren kann, Cafés und Denkmäler.

Der mit britischen Spenden finanzierte **Englische Garten** an der Altonaer Straße wurde unter Leitung englischer Gärtner und Landschaftsplaner angelegt. Er befindet sich auf dem Gelände von **Schloß Bellevue**, einem wiederaufgebauten Palast im neoklassizistischen Stil, der dem Bundespräsidenten heute als Berliner Residenz dient.

Das **Hansa-Viertel,** früher ein vornehmes Wohngebiet an der nordwestlichen Seite des Tiergartens, wurde 1957 aus Anlaß eines internationalen Architekturwettbewerbs wiederaufgebaut. Zu den Preisträgern gehörten der Bauhaus Begründer Walter Gropius (Händelallee 1-9), der Finne Alvar Aalto (Klopstockstraße 30) und der Brasilianer Oscar Niemeyer (Altonaer Straße 4-14). Ihre Werke sind auf einer Karte an der Klopstockstraße vermerkt. Im weißen, weitläufigen **Berlin-Pavillon** (Straße des 17. Juni) beim Tiergarten gibt es oft Ausstellungen über Stadtplanung, moderne Architektur und Umweltschutz. Die **Akademie der Künste** am Hanseatenweg 10 ist ein Ort für avantgardistische Kunstausstellungen, Konzerte und Theateraufführungen.

Im Zentrum des Parks, am Großen Stern, ragt die **Siegessäule** als Denkmal des preußischen Militarismus empor. Die Bronzereliefs wurden aus Kanonenmetall jener glorreichen

Das elegante Schloß Bellevue im Tiergarten ist die offizielle Residenz des Bundespräsidenten.

Kriege gegossen, die sie verherrlichen sollen. In einer Halle unter der Säulenbasis zeigen Mosaike die friedlicheren Vorgänge um die deutsche Vereinigung im 19. Jh. Eine großartige Aussicht können Sie genießen, wenn Sie die 285 Stufen bis direkt unterhalb der vergoldeten, geflügelten Siegesgöttin hinaufklettern. An der Nordseite des Großen Sterns stehen überlebensgroß die Schöpfer jener ersten deutschen Einigung, Bismarck, Moltke und Roon.

Folgen Sie der Spree ostwärts dem Spreeweg entlang zur **Kongreßhalle**, dem Beitrag der Amerikaner zur Interbau-Ausstellung von 1957. Seither wurde sie in **Haus der Kulturen der Welt** umbenannt; für die Berliner ist sie jedoch ihres eigentümlich gewölbten Betondachs wegen schlicht die »schwangere Auster«. In den großen Räumen werden Ausstellungen über die Dritte Welt und nicht europäische Avantgarde-Kunst geboten. Im Wasserbecken vor dem Gebäude steht eine nachts schön beleuchtete Bronzeskulptur von Henry Moore. Das 68teilige Glockenspiel im 42 m hohen schwarzen Turm an der Ecke zur Großen Querallee erklingt mittags und abends um 18 Uhr.

DER REICHSTAG

Ein paar Minuten von der Kongreßhalle entfernt steht der Reichstag. Der erhabene Parlamentssitz des wilhelminischen Deutschlands und der Weimarer Republik trägt die stolze Widmung *Dem deutschen Volke* auf seiner neoklassischen Fassade, die 1894 von Architekt Paul Wallot erbaut wurde. Die über den sechs korinthischen Säulen prangende Inschrift überdauerte den Brand des Jahres 1933 und die Bomben des Zweiten Weltkriegs. Das beschädigte Kuppelgerüst und die darauf sitzende Kaiserkrone wurden 1954 durch Sprengung entfernt. Am 3. Oktober 1990 übernahm der Reichstag seine demokratische Funktion aufs neue, als er die Kulisse für den Staatsakt zur deutschen Einheit bildete. Und spätestens im Jahr

2000 soll Deutschlands Regierung hier wieder Einzug halten. Das Gebäudeinnere wurde modernisiert, so daß dort Parlamentssitzungen stattfinden können. Zur Zeit beherbergt der Reichstag auch noch die beeindruckende Ausstellung *Fragen an die deutsche Geschichte,* in der die soziale und politische Geschichte Deutschlands von 1800 bis heute kritisch dargestellt wird. Die Ausstellung ist geschlossen, wenn das Parlament tagt.

Unmittelbar südlich der Siegessäule liegt am Landwehrkanal das vom Bauhaus-Gründer Walter Gropius entworfene **Bauhaus-Archiv**, in dem man eine Darstellung einer der einflußreichsten Architekturschulen des 20. Jh. findet. Nach Weimar und Dessau war Berlin unter Ludwig Mies van der Rohe der letzte Stützpunkt dieser Schule, bevor die Nationalsozialisten ihre Vertreter ins Exil trieben.

Beachten Sie an der Ecke Stauffenbergstraße und Reichpietschufer das elegant gerundete **Bewag-Gebäude** (Berlins Elektrizitätsgesellschaft) mit seiner Kalktuffassade, das 1932 für die Ölgesellschaft Shell erbaut wurde. An der Stauffenbergstraße 11-13 liegt die **Gedenkstätte Deutscher Widerstand** im ehemaligen Hauptquartier der Wehrmacht. Eine schlichte Bronzeskulptur eines jungen Mannes steht im Hof, wo Graf von Stauffenberg und weitere Offiziere, die am Attentat vom 20. Juli 1944 gegen Hitler teilnahmen, erschossen wurden. Eine Ausstellung in den Räumen, wo der mißlungene Anschlag geplant wurde, gedenkt in über 5000 Fotos und Dokumenten des Schicksals des innerdeutschen Widerstands gegen die Nationalsozialisten.

An der Ecke Potsdamer Straße steht die **Neue Nationalgalerie** mit Kunstwerken aus dem 19. und 20. Jh., eine viereckige Konstruktion mit Glaswänden und einem überdimensionalen schwarzen Stahl-

*D*er Reichstag – Symbol der Demokratie und Parlamentssitz des vereinten Deutschland.

dach, das auf acht massiven, ebenfalls stählernen Säulen ruht. Diese Arbeit des bedeutenden Bauhaus-Architekten Mies van der Rohe wurde 1968 vollendet, ein Jahr vor seinem Tod. Das Musterbeispiel genialer Einfachheit steht auf einem ausgedehnten Granitplateau, das großen Skulpturen wie der des Bildhauers Henry Moore *Der Bogenschütze* als Freilichtmuseum dient – und auf dem sich Kinder mit Skateboards tummeln.

KULTURFORUM

Hinter der Galerie steht allein und verlassen die neuromanische, 1846 von August Stüler erbaute **Matthäiskirche** mit ihrem schlanken Turm, die als einziges Gebäude weit und breit die Verwüstungen durch den Bombenhagel des Zweiten Weltkriegs überlebt hat. Heute ist sie zum Zentrum des **Kulturforums** geworden. Die Drucke und Aquarelle des **Kupferstichkabinetts** wurden

im Sommer 1993 von der Museumsinsel und Dahlem auf den Matthäiskirchplatz gebracht, und ein Neubau an der Nationalgalerie soll demnächst die europäischen Gemälde aufnehmen, die sich zur Zeit noch in Dahlem und Charlottenburg befinden.

Lange Zeit im Schatten des vom Bauhaus vorgegebenen nüchternen Stils, für den die Neue Nationalgalerie ein Paradebeispiel ist, konnte der Architekt Hans Scharoun im Forum endlich seine Vorliebe für expressionistische Formenfreiheit verwirklichen. Von Scharoun stammt auch die ocker- und goldfarbene **Philharmonie** (1963) in der Matthäikirchstraße 1, die ihre Zeltform den akustischen und optischen Anforderungen eines Konzertsaals verdankt. Das Zuhause der berühmten Berliner Philharmoniker wurde von innen nach außen konstruiert, vom Orchester zu den Rängen und Wänden. An die Rückseite wurde ein **Kammermusiksaal** mit weißer Fassade angebaut. Auf der anderen Seite der Tiergartenstraße befindet sich ganz in der Nähe das **Musikinstrumentenmuseum**.

Das 1985 fertiggestellte **Kunstgewerbemuseum** am Matthäiskirchplatz, der Philharmonie gegenüber, ist ein etwas verwirrendes Labyrinth aus rotem Backstein und wei-

---

Letzter Zug in die Freiheit

Die elegante, im Neorenaissance-Stil gebaute Fassade des Anhalter Bahnhofs erinnert eindringlich an Berlins einst schönste Eisenbahnstation, von wo aus Züge zu den wichtigsten Hauptstädten Europas abfuhren. In der Endphase der Weimarer Republik, bald nachdem Hitler Reichskanzler geworden war, traten Berlins begabteste Künstler und Intellektuelle, wie etwa Heinrich Mann, Bertolt Brecht, Kurt Weill, George Grosz, Albert Einstein und andere jüdische und linke Prominente, hier die Reise ins Exil an.

ßem Granit, das aber mit seiner schönen Sammlung mittelalterlichen Schmuckes einen Besuch lohnt.

Nach Scharouns Vorstellungen wurde auch die weitflächige **Staatsbibliothek** in der Potsdamerstraße 33 gegenüber der Nationalgalerie errichtet. Trotz ihrer stattlichen Ausmaße ist sie eine Oase des Friedens und der Harmonie. Die Teilnahme an einer der Führungen kann nur empfohlen werden. Ein ausgeklügeltes System von Treppen führt zu Leseräumen mit mehreren Ebenen und den leicht zugänglichen Magazinen. Die Bibliothek veranstaltet auch Fotoausstellungen und Konzerte.

POTSDAMER PLATZ

Durch Krieg und Mauer in ein Niemandsland verwandelt, erwacht der Potsdamer Platz wieder zu neuem Leben und fieberhaften Baugelüsten. Geplant sind großartige Bürogebäude, riesige Kaufhäuser und neue U-Bahn-Anschlüsse. Ein Hügel auf dem Gelände zwischen Pariser Platz und Potsda-

mer Platz verweist auf die Reste des Führerbunkers, in dem sich Hitler erschoß.

Der nahegelegene **Martin-Gropius-Bau** in der Stresemannstraße 110, ein attraktives, rotgoldenes Bauwerk im Neorenaissance-Stil, wurde 1881 von Heino Schmieden und Walter Gropius' Großonkel Martin als Kunst- und Gewerbemuseum erbaut (die Sammlung ist heute im Kulturforum und in Schloß Köpenick). Heute beherbergt es wieder ein Museum, das in seinen Räumen und im Innenhof Ausstellungen der **Berlinischen Galerie**, des **Werkbund-Archivs** und zeitweise auch des **Jüdischen Museums** zeigt.

Auf dem Brachland neben dem Martin-Gropius-Bau an der Prinz-Albrecht-Straße 8 war die Zentrale der Gestapo und der SS. Ausgrabungen brachten 1987 Folterkammern ans Tageslicht. Um den Opfern des Nazi-Terrors und dem Widerstand gegen die Braunhemden zu gedenken, wurde über diesen Kammern ein Mahnmal mit einer erschütternden Ausstellung errichtet, die den **39**

Namen **Topographie des Terrors** trägt. Eintritt ist frei.

Ein Stückchen weiter stößt man am Askanischen Platz auf die traurige Ruine des **Anhalter Bahnhofs**. Die Ironie der Geschichte will es, daß die alte Eisenbahnstation das Werk des Architekten Franz Schwechten ist, von dem auch eine andere berühmte Ruine stammt, nämlich die Kaiser-Wilhelm-Gedächtniskirche.

Heute gedeihen auf dem ungenutzten Gelände exotische Büsche und Bäume, die im nördlichen Europa sonst nicht anzutreffen sind (z.B. Robinien). Außerdem ist hier das **Museum für Verkehr und Technik** untergebracht.

Mitte

Die Gegend östlich vom Brandenburger Tor, die **Mitte**, war das historische Zentrum Berlins und auch das ehemalige Zentrum der DDR-Hauptstadt. Hier wurden vom 18. bis ins 20. Jh. die wichtigsten Museen, Theater und Regierungsgebäude der Stadt erbaut. Manche wurden nach dem Zweiten Weltkrieg von der Ost-Regierung sorgfältig restauriert, etwa Schinkels Altes Museum und die Friedrichswerdersche Kirche (heute Schinkel-Museum. Einige Teile wurden stilgerecht wieder aufgebaut, vor allem der Gendarmenmarkt (früher Platz der Akademie) und die Museumsinsel.

Die Pracht-Allee **Unter den Linden** entwickelt sich wieder zum kulturellen und politischen Mittelpunkt der Stadt. Und die Pläne für die nahegelegene Friedrichstraße sind, sie zu einer pulsierenden Einkaufsmeile zu machen. Denken Sie beim Gespräch mit ehemaligen Ost-Berlinern aber daran, daß sich der Ostteil der Stadt nicht über Nacht in ein Bollwerk des Anti-Kommunismus verwandelt hat.

BRANDENBURGER TOR

In dem eindrucksvollen Symbol der geeinten Stadt scheint sich nun endlich doch die Vision desjenigen Mannes zu verwirklichen, der das Tor mit der Quadriga, einer Kupferstatue der geflügelten Friedensgöttin in ihrem vierspännigen Wagen, krönte. Wäre es nach Johann Gottfried Schadow gegangen, so hätte das 1793 fertiggestellte Monument den Namen *Friedenstor* erhalten, passend zu dem unterhalb des Wagens von ihm gehauenen Relief *Friedensprozession*.

Das Tor selbst mit seinen zwei Reihen von je sechs dorischen Säulen ist das Werk von Carl Gotthard Langhans, der

sich dazu von den Propyläen auf der Akropolis in Athen anregen ließ. Hitler hatte sogar Pläne, das Tor genau wie die Akropolis auf einen künstlichen Hügel zu hieven. Als damaligen Teil der Stadtmauer hatten die pragmatischen Preußen nicht so sehr an einen Triumphbogen gedacht, sondern an ein eindrucksvolles Zolltor und einen Kontrollposten. Als die Mauer noch stand, war das Tor in einem todbringenden

Niemandsland; bei ihrem Fall wurde es Stätte freudigen Wiedersehens und heute, ohne Mauer, ist es wieder ein »normales«, imposantes Stadttor.

UNTER DEN LINDEN

Die Prachtstraße östlich des Brandenburger Tores war für Friedrich den Großen das

Das majestätische Brandenburger Tor, das heute alle Berliner wieder frei passieren können.

Herzstück seiner Hauptstadt und wurde für die Aristokratie und das Großbürgertum zur besten Adresse in der Stadt. Östlich der Charlottenstraße kommt man hinter der 1914 erbauten **Deutschen Staatsbibliothek** zum Gebäudekomplex des **Forum Fridericianum,** das der »Alte Fritz« anlegen ließ und das im Volksmund »Lindenforum« heißt. Ein nobles Reiterstandbild aus dem Jahre 1851 des Bildhauers Christian Daniel Rauch erinnert an den beliebten und kultivierten König.

Um das kulturelle und geistige Klima, das sein Großvater um 1700 nach Berlin gebracht hatte, neu zu beleben, ließ Friedrich der Große ein neues Gebäude für die Königliche Akademie, eine Bibliothek, ein Opernhaus und ein Palais für seinen Bruder, Prinz Heinrich, errichten. Diese baulichen Glanzstücke sind sorgfältig restauriert worden. Das Prinz-Heinrich-Palais (1753) ist jetzt Teil der **Humboldt-Universität**. Unter den Professoren und Studenten der 1810 von Alexander und Wilhelm Humboldt gegründeten Universität waren die Gebrüder Grimm, Hegel, Fichte, Schleiermacher, Heine, Engels, Marx und Einstein. Dem klassizistischen Bauwerk gegenüber steht die sanft geschwungene Barockfassade der Alten Bibliothek, für die ein Entwurf Johann Fischer von Erlachs für die Wiener Hofburg als Vorbild diente; für die Berliner heißt der Bau nur schlichtweg die »Kommode«. Auf dem Bebelplatz gleich nebenan verbrannten Nazi-Studenten unerwünschtes Schriftgut.

Auf der anderen Seite des Bebelplatzes steht Knobelsdorffs grandiose, im palladianischen Stil errichtete **Deutsche Staatsoper.** An der Ostseite befindet sich im Prinzessinnenpalais, dem barocken Stadthaus der preußischen Prinzessinnen das **Operncafé**. Seit der Wiedervereinigung ist seine offene Terrasse einer der beliebtesten Treffpunkte im Ostteil der Stadt.

Neben der Universität steht die heute als **Mahnmal** bekannte, 1818 vollendete **Neue Wache** mit dorischem Säulengang, Karl Friedrich Schinkels erster wichtiger neoklassizistischer Entwurf. Nach dem Krieg wurde es als Gedenkstätte für die Opfer des Dritten Reiches wieder aufgebaut. Die Mahnflamme soll demächst durch eine Nachbildung von Käthe Kollwitz' *Pietà* ergänzt werden (ein Modell des Mahnmals ist im 5. Stock des Käthe-Kollwitz-Museums zu sehen, siehe Kapitel Museen). Gleich nebenan befindet sich das barocke **Zeughaus**, geschaffen von Johann Arnold Nering. Der elegante Bau war einst das **43**

Die bronzene Skulptur dieses Löwenbändigers steht vor dem Alten Museum.

(1696) Ausdruck verlieh, zu sehen im nach ihm benannten Innenhof (Schlüterhof).

Südlich der Staatsoper erhebt sich die **Sankt-Hedwigs-Kathedrale**, die im 18. Jh. für die Katholiken gebaut wurde, die durch die Eroberung des polnischen Schlesiens durch Friedrich den Großen ins protestantische Preußen gekommen waren. Dem wuchtigen Kuppelbau diente das römische Pantheon als Vorbild.

Einer der architektonischen Schätze des alten Berlin ist der schön restaurierte Gendarmenmarkt mit seinen vielen Buchläden und Cafés unter den Arkadenbögen. Das beeindruckende, von Reinhold Begas aus Carrara-Marmor geschaffene **Schiller-Denkmal** (1868) zeigt den Dichter umgeben von den Musen des Theaters, der Poesie, der Geschichte und der Philosophie.

Arsenal der preußischen Armee, wovon auch die Figurengruppen und das Kriegsgerät in der Attikazone zeugen. Heute ist darin ein Teil des **Museums für Deutsche Geschichte** der geeinten Stadt untergebracht; später soll es auch der deutschen Regierung dienen. Die kriegerischen Statuen stammen von Andreas Schlüter, der als Anhänger der mennonitischen Reformationsbewegung jedoch auch seinen pazifistischen Ansichten in Form der berühmten Masken sterbender Krieger

*F*ür Musikfreunde ist jede Aufführung in der Deutschen Staatsoper ein Erlebnis.

Es steht vor Schinkels elegantem **Schauspielhaus**, das heute als Konzerthalle dient. Die ionischen Säulen des tempelartigen Gebäudes wurden nach den Zerstörungen des Krieges wieder hergestellt.

Das Schauspielhaus bildet ein harmonisches Bindeglied zwischen dem **Französischen Dom** an der Nordseite, errichtet für die nach Berlin emigrierten Hugenotten, und dem **Deutschen Dom** an der Südseite, die beide aus dem frühen 18. Jh. stammen. Die nachträglich aufgesetzten Kuppeltürme wurden im Jahre 1785 vollendet. Im Französischen Dom ist das **Hugenottenmuseum** untergebracht. Mutige Kletterfreunde finden im 48 m hohen Turm ein reizendes Glockenspiel. Im Restaurant **Turmstuben** im 4. Stock können Sie sich schließlich vom anstrengenden Aufstieg erholen.

ORANIENBURGER STRASSE

Diese nördlich der Spree gelegene Straße war in den 20er Jahren das Herz des Jüdischen Viertels. Handwerker, leichtlebige Künstler und Schriftsteller bevölkerten die Gassen. Nach Krieg und Zerstörung pulsiert es hier erneut: Kulturstätten und jüdische Restaurants, moderne Cafés und alternative Kunstgalerien umgeben heute den schwarz-goldenen Dom der **Neuen Synagoge**, Deutschlands größte **45**

Das Operncafé Unter den Linden überblickt die Spree und ist ein perfekter Rahmen für ein Rendezvous.

Synagoge. Sie wurde 1860-66 nach dem Entwurf von Eduard Knoblauch erbaut. In der Kristallnacht von 1938 und unter den Bomben der Alliierten erlitt sie großen Schaden. 1988 wurde mit dem Wiederaufbau begonnen, und im Jahre 1995 soll hier ein jüdisches Zentrum (*Centrum Judaicum*) errichtet werden, mit Museum und Bibliothek. Außerdem soll es als Forschungsstätte dienen.

KARL-LIEBKNECHT-STRASSE

Statuen von Kriegern und Siegesgöttinnen, im 19. Jh. geschaffen, zieren die **Schloßbrücke.** Sie wurde von Schinkel entworfen und verbindet Unter den Linden mit der Karl-Liebknecht-Straße. Von der Brücke aus können Sie links die **Museumsinsel** sehen, die Stätte der bedeutendsten

Museen im ehemaligen Ost-Berlin (siehe Kapitel Museen). Am äußeren Ende des **Lustgartens** steht die neoklassizistische Fassade des 1824 von Schinkel entworfenen **Alten Museums**. Auf der anderen Brückenseite liegt der etwas trostlose Marx-Engels-Platz, der für die Maiparaden und andere Massenaufmärsche angelegt worden war. Einst stand hier das Stadtschloß der Hohenzollern, bis es im Krieg zerstört wurde (im Schloß Charlottenburg können Sie ein Modell betrachten).

Der Balkon, von dem Spartakus-Führer Karl Liebknecht erfolglos seine Sozialistische Republik ausrief, wurde an der Fassade des **Staatsrat**-Gebäudes angefügt. Das Schloß selber wurde durch ein überdimensionales Gebäude aus Marmor, Spiegelglas und Stahl ersetzt, den **Palast der Republik** (1990 wegen Asbest-Verseuchung geschlossen und seither auf Abbruch wartend). Hier tagte die Volkskammer der DDR, und für SED-Versammlungen stand ein Saal mit 5000 Plätzen zur Verfügung.

Auf der anderen Straßenseite steht der etwas pompöse, wieder hergestellte **Berliner Dom** von Kaiser Wilhelm II. (im preußischen Berlin gab es viele Kathedralen). Dieser Dom beherbergt eine Gruft mit 95 Sarkophagen der Hohenzollern. Gehen Sie die Karl-Liebknecht-Straße weiter bis zum Neuen Markt, wo Sie auf die **Marienkirche** aus dem 13. Jh. stoßen, eine angenehme Oase gotischer Architektur inmitten all der bombastischen Bauwerke. Die Besonderheiten im Inneren sind Andreas Schlüters barocke Marmorkanzel (1703) und ein spätgotisches *Totentanz*-Fresko (1484) in dem Raum unter dem Turm.

Das 1869 im Neorenaissance-Stil erbaute **Rote Rathaus** mit seinem 74 m hohen Turm verdankt seinen Namen den roten Klinkersteinen, nicht der Politik. Hier wird auf schönen, über der ersten Fensterreihe entlanglaufenden **Relieffriesen** die Geschichte Berlins bis ins 19. Jh. hinein erzählt. Bis im Jahre 1993 war das Gebäude Sitz des Berliner Stadtparlaments.

47

*D*er Berliner Dom ist einer von den vielen Prachtbauten, die restauriert wurden.

Auf der anderen Seite des riesigen **Neptunbrunnens** mit den vier Figuren, die die Flüsse Rhein, Elbe, Oder und Weichsel darstellen, steht unübersehbar der **Fernsehturm**, in dem sich ein Informationsbüro befindet. Der 1969 gebaute Turm am Alexanderplatz überragt mit seiner Höhe von 365 m den Eiffelturm um 65 m und läßt den West-Berliner Funkturm als Zwerg erscheinen, was wohl der Sinn der Sache war. In der Kugel (207 m) gibt es eine Aussichtsplattform und ein sich drehendes Café.

ALEXANDERPLATZ

Der »Alex«, wie der riesige Platz von jeher genannt wird, war lange Zeit unangefochten das Herz der Stadt und hat Alfred Döblin zu seinem Roman *Berlin Alexanderplatz* veranlaßt (später von Fassbinder verfilmt). Heute ist der Platz eher leer und öde, bestückt mit einem Brunnen und einer runden Weltzeituhr und umringt von vollgesprayten DDR-Bauten. Um- und Neubau-Pläne werden viele geschmiedet; die Zukunft wird zeigen, ob der Platz wieder zum Leben erweckt werden kann.

Die Planer der vom Alex nach Südosten verlaufenden **Karl-Marx-Allee** mit ihren tristen Wohnblöcken, Hotels und kürzlich eröffneten Kaufhäusern haben von Behrens sicher nichts gelernt. Eine Fahrt diese Straße hinauf und wieder hinunter vermittelt einen Eindruck von der ganzen Trostlosigkeit der stalinistischen Architektur. Bis 1962 hieß die Straße denn auch Stalinallee; der Name dürfte sich nächstens wieder ändern.

Nördlich des Alexanderplatzes, hinter der beliebten Volksbühne, führt die noch stark ans alte Berlin erinnernde **Schönhauser Allee** ins Zentrum des Arbeiterviertels **Prenzlauer Berg.** Zwischen vier- und fünfstöckigen Mietshäusern sieht man hier und da baufällige Villen. Diese Gegend ist nicht nur das Kernland der alternativen Szene im Ostteil der Stadt, sondern man findet hier auch interessanteste Bars. In der **Husemannstraße** wurden eine Reihe von Läden aus der Zeit Kaiser Wilhelms II. restauriert.

NIKOLAIVIERTEL

Die Gegend südlich des Roten Rathauses wurde zu den Feiern zum 750. Geburtstag der Stadt im Jahre 1987 als ein ganz besonders »sauberes« Beispiel Alt-Berlins restauriert. Diese früheste Siedlung an der Spree

schart sich um die älteste Pfarrkirche Berlins, die gotische **Nikolaikirche** mit ihren Zwillingstürmen. Sie wurde 1230 errichtet und dient heute mit stadtgeschichtlichen Ausstellungsstücken als Teil des **Märkischen Museums** (siehe Kapitel Museen). Zu den typischen Gebäuden aus den Anfangsjahren des Jahrhunderts, die hier – nicht immer an der selben Stelle – wiederaufgebaut wurden, zählt der **Nußbaum,** in den zwanziger Jahren eine der bekanntesten Kneipen. Unter anderem fand hier der berühmte Karikaturist Heinrich Zille sein »Milljöh«.

Ein vornehmeres Bauwerk ist das restaurierte **Ephraimpalais** in der Poststraße 16, eine im Jahre 1765 für den jüdischen Finanzier Friedrichs II., Veitel Heine Ephraim, errichtete Villa im Rokokostil. Heute finden darin Kammermusikkonzerte und Ausstellungen zur Kunst des 18. und 19. Jh. und zur Berliner Geschichte statt. Im 1835 erbauten **Knoblauchhaus** an der Poststraße 23 sind schöne Biedermeier-Möbel zu bewundern. **49**

Schloß Charlottenburg

Das sorgfältig restaurierte Schloß Charlottenburg ist ein repräsentatives Beispiel für Architektur und Dekor des preußischen Rokoko und das letzte große Hohenzollernschloß der Stadt. Planen Sie für den Besuch möglichst einen Tag ein.

Nach den Bombenschäden des Zweiten Weltkriegs wurde das Schloß wieder rekonstruiert. Heute sind wichtige Museen hier untergebracht: im Ost- und im West-Flügel befinden sich die **Galerie der Romantik** und das **Museum für Vor- und Frühgeschichte**, das **Ägyptische Museum** und das **Antikenmuseum** sind in den Wachhäusern vor dem Schloß zu finden. Das **Bröhan-Museum** ist in den ehemaligen Infanterie-Baracken hinter dem Ägyptischen Museum. (Siehe Kapitel Museen).

Die Geschichte des Schlosses nahm ihren Anfang 1695 mit dem Bau einer Sommerresidenz für die spätere Königin Sophie Charlotte auf dem Gelände an der Spree westlich vom Tiergarten, das damals vor den Stadtgrenzen lag. Das ursprüngliche Bauwerk umfaßte kaum ein Fünftel des heutigen Schlosses. Erst nachdem man einen imposanten Turm mit Glaskuppel und Wetterhahn in Gestalt einer Fortuna hinzugefügt, im Westen die Orangerie und im Osten einen Flügel angebaut hatte, war das Schloß groß genug für Friedrich den Großen. Wenn er sein geliebtes Potsdam verlassen mußte, kam er hierher.

Im Schloßhof steht das **Reiterstandbild des Großen Kurfürsten**. Die von Andreas Schlüter 1698-1703 geschaffene Statue stand ursprünglich auf der Langen Brücke, von wo sie aus Sicherheitsgründen im Zweiten Weltkrieg entfernt und auf dem Wasserweg in ein kriegssicheres Lager transportiert werden sollte. Das Schiff versank im Tegeler See, und die Statue konnte erst 1951 wieder geborgen werden. Der Kalte Krieg verhinderte eine Rückgabe, und es erschien passend, sie nach der Restaurierung des Schlosses hier im Hof aufzustellen.

Um die noble Rokoko-Atmosphäre des 18. Jh. lebendig zu machen, wurden einige der im Krieg zerstörten oder abhanden gekommenen Möbel und Dekorationen durch Stükke aus anderen preußischen Schlössern ersetzt. Die Welt der Hohenzollern steht Ihnen zu einer Besichtigung frei; nur für die Privatgemächer Friedrichs I. und Sophie Charlottes im **Neringbau** und im **Eosanderbau** müssen Sie sich einer der mehrmals täglich stattfindenden Führungen anschließen. Kommen Sie rechtzeitig, die Warteschlangen sind lang.

Achten Sie im **Gobelinzimmer** auf die wertvollen Wandteppiche aus dem 18. Jh. von Charles Vigne. Das Spiel der

---

Berlins Baumeister

ANDREAS SCHLÜTER (1664-1714). Der wichtigste Barock-Architekt; gab der Stadt ihr königliches Aussehen. Beachten Sie die 21 Masken sterbender Soldaten im Schlüterhof des Zeughauses Unter den Linden und das imposante Reiterstandbild Friedrichs des Großen vor dem Schloß Charlottenburg.

GEORG WENZELAUS VON KNOBELSDORFF (1699-1753). War bei Friedrich dem Großen sehr beliebt. Potsdam verdankt ihm sein Rokoko-Schloß Sanssouci; Berlin die Sankt-Hedwigs-Kathedrale und die Deutsche Staatsoper sowie den neuen Flügel am Schloß Charlottenburg.

CARL GOTTHARD LANGHANS (1732-1808). Entwarf Berlins ersten neoklassizistischen Bau, das Brandenburger Tor, und das Rokoko-Theater im Westen von Schloß Charlottenburg.

KARL FRIEDRICH SCHINKEL (1781-1841). Der talentierteste und produktivste neo-klassizistische Architekt in Berlin. War auch als Maler und Bühnenbildner bekannt. Er schuf die Neue Wache, das Alte Museum, das Schauspielhaus am Gendarmenmarkt und die neogotische Gedenkstätte im Viktoria-Park von Kreuzberg.

Sonnenstrahlen an der Decke des **Audienzzimmers** und die strahlend gelbe Damastbespannung im **Schlafzimmer** erinnern an das große Vorbild des preußischen Herrschers, den französischen Sonnenkönig Ludwig XIV. Das reich ausgestattete **Porzellankabinett** beherbergt Hunderte von chinesischen und japanischen Porzellanarbeiten. Die vergleichsweise nüchtern wirkende **Japanische Kammer** enthält eine Reihe gepriesener Lackarbeiten an Schränkchen und Tischen. Kammermusikkonzerte finden in der **Eichengalerie** und in der **Eosander-Kapelle** statt.

Den **Neuen Flügel** (Ostflügel) ließ Friedrich der Große von seinem Lieblingsarchitekten, Georg von Knobelsdorff, für sich selbst entwerfen; in ihm vermischt sich geschickt der würdevolle spätbarocke Stil der Fassaden mit heiterem

Das bezaubernde Schloß der Königin Sophie Charlotte war einst ein ländlicher Zufluchtsort.

Rokoko im Inneren. Ein Teil des Erdgeschosses wird zur Zeit von der **Galerie der Romantik** eingenommen. Zu den Prunkgemächern Friedrichs des Großen führt der Weg durch das **Treppenhaus**, an dessen Decke ein modernes, abstraktes Freskogemälde im Tachismus-Stil von Hann Trier an die Stelle des ursprünglichen Rokoko-Dekors getreten ist, das durch Brand zerstört wurde. Von Hann Trier stammt auch die Deckenmalerei im **Weißen Saal** (Thron- und Bankettsaal).

Knobelsdorffs glanzvollste Leistung im Schloß Charlottenburg ist die geräumige **Goldene Galerie** mit vergoldeten Rokoko-Ornamenten und grünem Stuckmarmor. Sie führt zu zwei Räumen mit acht **Watteau-Gemälden.** Friedrich II. kaufte selbst das *Enseigne du Gersaint,* ein Ladenschild für den Kunsthändler Gersaint, auf dem ein Porträt Ludwigs XIV. auf gar nicht feierliche Weise daargestellt ist. Weitere kostbare Arbeiten sind *L'amour paisible* (Stille Liebe) und *Les Bergers* (die Hirten). **53**

In der **Orangerie** oder im nahegelegenen Café Lenné (Spandauer Damm 3-5) können Sie verschnaufen, bevor Sie den **Schloßpark** besuchen, der im französischem Stil mit englischen Einflüssen gestaltet wurde. Von den zahlreichen Gebäuden auf dem Parkgelände liegt der hübsche neoklassische **Schinkel-Pavillon**

Schloß Charlottenburg beherbergt viele kostbare Schätze, darunter Porzellansammlungen.

aus dem 19. Jh. mit seiner Sammlung von Plänen und Zeichnungen des berühmten Architekten dem Schloß am nächsten. Friedrich Wilhelm III. ließ sich den Pavillon nach einer Italienreise als Sommerhaus bauen. Es ist kubisch gestaltet, d.h. auf allen Seiten gleich. Im ersten Stock können Sie ein amüsantes Panorama von Berlin um 1830 von Eduard Gärtner betrachten. Nördlich des Karpfenteichs steht das barocke **Belvedere**, ursprünglich ein Teehaus und heute ein Porzellanmuseum.

Westlich von Charlottenburg

Hitlers für die Spiele von 1936 erbautes Olympiastadion blieb vom Bombenhagel verschont, um später ironischerweise der britischen Armee als Hauptquartier zu dienen.

Das Bauwerk spricht Bände über den architektonischen Geschmack Hitlers. Während es vom Olympia-Tor überraschend flach wirkt, erkennt man von innen die wahren Dimensionen: Das Spielfeld wurde 12 Meter in den Boden versenkt; heute finden 76 000 Zuschauer im Stadion Platz. Die Anlage kann besichtigt werden, wenn keine Veranstaltungen stattfinden.

Vom Glockenturm im Westen haben Sie eine wundervolle Aussicht auf das Olympia-Gelände. Ein Weg führt dann zur **Waldbühne**, einem Freiluft-Amphitheater, wo im Sommer Konzerte und Filmvorführungen stattfinden.

Am Messedamm südöstlich vom Stadion präsentiert ein weiterer Koloß, das in schimmerndes Aluminium verpackte

Die Goldene Galerie im Ostflügel ist mit vergoldenen Rokoko-Stuckornamenten verziert.

ICC (*Internationales Congress Centrum*), deutsches technisches Know-how und deutsche Wirtschaftskraft. Auch die Kultur kommt hier in regelmäßig stattfindenden Veranstaltungen nicht zu kurz.

Inmitten dieses Gigantismus nimmt sich der **Funkturm** mit **55** seinen 150 m auf dem benachbarten, ebenfalls riesigen **Messe- und Ausstellungsgelände** eher bescheiden aus – er ist ja auch nicht einmal halb so hoch wie der Fernsehturm am Alexanderplatz. Fahren Sie mit dem Lift zum Restaurant (55 m) oder noch höher zur Aussichtsplattform. Im Südwesten sehen Sie von hier die berühmte **Avus** *(Automobil-, Verkehrs- und Übungsstraße)*. 1921 gebaut, war sie Deutschlands erste Rennstrecke, eine zweispurige Gerade von 8 Kilometern mit einer Schleife an jedem Ende. Heute verbindet die Avus das Stadtzentrum mit der Autobahn Richtung Westen.

Berlins Umgebung

Nordöstlich von Charlottenburg, in Hüttigpfad, liegt die **Gedenkstätte Plötzensee** für die Opfer des Nationalsozialismus aus dem In- und Ausland (Bus 123 nach Plötzensee ab S-Bahn-Station Tiergarten). Ein Pfad führt zum Gefängnis, wo Tausende gefoltert und hingerichtet wurden, auch manche der ins Attentat gegen Hitler verwickelten Offiziere. Die dunklen Hinrichtungs-Schuppen sind noch zu sehen und eine steinerne Urne im Hof wurde mit Erde aus den Konzentrationslagern gefüllt. In einem der Schuppen sind historische Dokumente, Todesurteile und Photographien von Widerstandskämpfern ausgestellt. Der Eintritt frei.

Ein weiteres Kriegsdenkmal, **Gedenkstätte und Museum Sachsenhausen** befindet

---

Wie kam der Bär ins Berliner Wappen?

Er ist 43 Jahre jünger als seine Stadt: Der Bär, das Wahrzeichen Berlins, erschien erstmals auf dem Siegel des Rates der Stadt vom 22. März 1280 – in Anlehnung an die erste Silbe von Berlin. 1710 durfte der Bär mit Halsband – neben zwei Adlern – ins Stadtwappen. Seit dem 1. Oktober 1875 schmückt er allein und ohne Halsband das Berliner Wappen.

sich 35 km nördlich von Berlin in der Nähe von Oranienburg. Diese teilweise noch erhaltene Anlage war von 1936 bis 1945 NS-Konzentrationslager und von August 1945 bis März 1950 ein sowjetisches Internierungs- und Straflager. Seit 1961 ist sie Gedenkstätte für mehr als 100 000 Opfer der Nazis. Einige der Baracken wurden in Museen umgewandelt. In der ehemaligen Wäscherei befinden sich heute eine Betkapelle und ein Kino für dokumentarische Filme. Museen und Filmvorführung sind für Kinder unter 12 Jahren nicht geeignet. Eintritt ist frei.

Grunewald und Wannsee

Nachdem das einst dichte Kieferngehölz am Westrand von Berlin 1945 aus Brennholzmangel gelichtet worden war, gesellten sich mit der Wiederaufforstung zu den 18 Millionen Kiefern noch 6 Millionen Kastanien, Linden, Buchen, Birken und Eichen. Die grasbewachsenen Lichtungen sind als Picknickplätze beliebt, während in den Waldstücken Rehe, Wildschweine, Wiesel, Füchse und unzählige Kaninchen heimisch sind.

Am schnellsten erreichen Sie den Grunewald mit der S3-Linie ab Bahnhof Zoo bis zur S-Bahn-Station Grunewald. Sie können Ihren Besuch auch mit einem Abstecher zu den Dahlem-Museen kombinieren – das Brücke-Museum ist nur 20 Minuten zu Fuß vom Ostrand des Waldes entfernt. Autofahrer biegen von der Avus ab in den Hüttenweg zum **Grunewaldsee**, dessen Sandstrände zum Sonnenbaden und Schwimmen einladen.

Am Ostufer steht in herrlicher Lage das von Buchen umsäumte, kürzlich renovierte **Jagdschloß Grunewald**, das Kurfürst Joachim II. von Brandenburg 1542 im Renaissance-Stil bauen ließ. Die Ausstellung im Innern zeigt frühe Jagd- und Landschafts-Gemälde, aber auch berühmte Bilder wie etwa Lucas Cranachs neunteiligen Passions-Zyklus und Werke von Jordaens, Rubens und Bruyn. In den oberen **57**

Stockwerken schaffen Möbel, Porzellan und Holzböden eine ländliche Stimmung. Mit der Eintrittskarte haben Sie auch Zugang zum kleinen Waldmuseum auf der anderen Hofseite. Der Weg vor dem Schloß führt zum **Forsthaus Paulsborn**, wo Sie mit Aussicht auf den See speisen können.

Am Westrand des Grunewalds führt die Havelchaussee am **Grunewaldturm** vorbei, einem 1897 zum Hundersten Geburtstag von Kaiser Wilhelm I. erbauten neo-gotischen Turm. Nach den 205 Stufen haben Sie in 55 m Höhe die Aussicht bis nach Potsdam reichlich verdient. Fähren bieten Bootsfahrten über die Havel und die Waldseen an. Das Ostufer der Havel ist zudem bis zum Wannsee von hübschen kleinen Sandbuchten gesäumt. Die Küstengegend bei der S-Bahn-Station **Wannsee** ist sehr beliebt und entsprechend übervölkert.

Es fahren Fähren nach Spandau und Potsdam. **Strandbad Wannsee** ist Berlins größter Badestrand. Die Promenaden, Lokale und Strandkörbe sor-

Droben auf dem Teufelsberg

Mitten in der nordeuropäischen Tiefebene, die sich von Warschau bis in die Niederlande erstreckt, gibt es einen Berg – keinen sehr hohen zwar, aber doch mit 115 m Berlins höchsten... Er wurde aus 26 Millionen Kubikmeter Trümmerschutt aufgehäuft und trägt den passenden Namen Teufelsberg.

Im Sommer können die Kleinen auf seinen grasbewachsenen Hängen herumklettern, und auch Drachenflieger haben hier ein Revier. Im Winter schafft der Schnee am Teufelsberg manchmal eine Schlittenbahn, einen Idiotenhügel für Skifahrer und sogar zwei halsbrecherische Skischanzen. Der Sendemast auf dem Gipfel gehört zum militärischen Radarsystem, das einst den amerikanischen Truppen zum »Weitblick« in Richtung Osten verhalf.

gen für eine Atmosphäre wie in einem Nordseebad. Segler finden hier beste Bedingungen. Westlich vom Großen Wannsee durchquert die Königsstraße den Berliner Forst, eine Verlängerung des Grunewalds, und führt zum **Volkspark Glienicke** mit seinen kleinen Hügeln und Senken, Brücken und Teichen, ein verspielter Entwurf des Landschaftsgärtners Peter-Josef Lenné vom Anfang des 19. Jh. Neben Schinkels streng wirkendem klassizistischem **Schloßbau** (aus dem Jahre 1828) gibt es im Park noch eine Reihe romantischer Gebäude: den Klosterhof, das Casino und die Gartenhäuser.

Mit einer Fähre gelangt man vom Berliner Forst zur **Pfaueninsel**, einem herrlich ruhigen Naturschutzgebiet an der Havel. Für die Berliner des 19. Jh. war die Insel eine exotische Traumwelt. Hier gab es damals die größte Palmensammlung Europas und einen der bedeutendsten Rosengärten. Im Tiergehege hauste der Grundstock für den Berliner Zoo, und das **Vogelschutzgebiet** hat noch

immer viele Attraktionen aufzuweisen, darunter natürlich Pfauen. Am Südende, halb versteckt in den Bäumen, steht das Schinkelsche Schweizerhaus. Doch der Hauptanziehungspunkt ist die künstliche Ruine **Schloß Pfaueninsel**, in dem Fürsten des 18. Jh. vor dem allzu nüchternen Denken der Aufklärung Zuflucht suchten. Friedrich Wilhelm II. ließ es 1797 als trautes Versteck für sich und seine Mätresse, die Gräfin Wilhelmine von Lichtenau, bauen. Die weiße Holzfassade mit ihren Türmchen, die durch eine gotische Brücke verbunden sind, gibt sich den Anschein von Granitblöcken. Auch der Torbogen, der in eine idyllische Landschaft zu führen scheint, ist nur Illusion.

Die Königstraße führt weiter bis zur Glienicker Brücke, einem illustren Relikt des Kalten Krieges. Einst tauschten KGB und CIA an diesem streng abgeschirmten Grenzübergang zwischen West-Berlin und der DDR ihre Spione aus. Heute rollt der Verkehr zwischen Berlin und Potsdam ganz normal darüber. **59**

Spandau

Mit einer Stadtgeschichte, die länger ist als die Berlins, zeigte Spandau 1920 wenig Begeisterung, als es mit den umliegenden Orten nach Berlin eingemeindet wurde. Es ist mit der U-Bahn leicht zu erreichen (Linie U7 bis Rathaus Spandau) und lohnt den Besuch wegen seines restaurierten Viertels und der Burg aus dem 16. Jh. Im Sommer finden oft Jazz- und Klassik-Festivals statt.

Die **Altstadt** am Zusammenfluß von Havel und Spree wurde von den Bomben weniger stark beschädigt als der Rest von Berlin und hat deshalb viel von ihrem alten Charme bewahrt. Man sieht Giebelhäuser, die eine oder andere Renaissance-Fassade und sogar, am hohen Steinweg, östlich vom Falkenseer Platz, Reste der Stadtmauer aus dem 14. Jh. Die Spandauer behaupten, es sei die St. Nikolai-Kirche am Reformationsplatz gewesen, wo der Kurfürst Joachim II. zum Protestantismus übertrat. Der stark restaurierte gotische Backsteinbau besitzt einen sehr beeindruckenden Renaissance-Altar.

Die aus dem 16. Jh. stammende **Zitadelle** in der Havel war während der Napoleonischen Kriege ein Schauplatz heftiger Kämpfe. Innerhalb der Befestigung steht der alte **Juliusturm**, Überbleibsel einer mittelalterlichen Burg, der als Schatzkammer diente und einen schönen Blick auf die Altstadt bietet. Das **Heimatmuseum** im Turm zeigt jüdische Grabsteine aus dem 13. Jh., die bei Ausgrabungen gefunden wurden. In den Festungsmauern wurde auch eine mittelalterliche Taverne hergerichtet, wo Sie herzhaft speisen können (siehe Restaurants).

Das Spandauer Gefängnis für die Nazi-Kriegsverbrecher machte nach dem Tod seines letzten Insassen Rudolf Hess im Jahre 1987 einem Gemeindezentrum Platz.

Der **Spandauer Forst** im Norden ist nur halb so groß, aber genauso schön wie der Grunewald. Es gibt hier Naturschutzgebiete mit vielen seltenen Pflanzenarten. Im **Teufelsbruch**, Berlins kältestem Eck, gedeihen auch Sträucher und Blumen aus der subarktischen Tundra. Gleich östlich vom Teufelsbruch kann man im Sommer an der **Bürgerablage** zelten und in der Havel baden.

Köpenick

Mit seiner hübschen Altstadt aus dem 18. und 19. Jh. liegt Köpenick am südöstlichen Stadtrand, mit der S-Bahn-Linie S3 leicht erreichbar. Es ist im Begriff, sich zu einem beliebten Ausflugsziel zu entwickeln und wird schrittweise restauriert. Wie Spandau im Westen blickt auch Köpenick auf eine längere Geschichte als Berlin selbst zurück: Seit dem 9. Jh. war es eine slawische Siedlung auf einer Spreeinsel. 1920 war die Stadt bei der Abwehr des rechtsradikalen Kapp-Putsches führend. Der Widerstand von Arbeitern gegen Hitler endete im Mai 1933 in der *Köpenicker Blutwoche*, in der 91 Arbeiter von SA-Männern getötet wurden. An der Puchanstraße 12 wurde hierfür ein Mahnmal errichtet.

Schloß Köpenick aus dem 17. Jh. hat seine eigene kleine

Alles hat seinen Preis

Die vierspännige Quadriga der Siegesgöttin auf dem Brandenburger Tor soll einfach keine Ruhe finden. Als Napoleon 1806 durch das Tor ritt, gefiel sie ihm so sehr, daß er sie nach Paris verfrachten ließ, von wo sie Feldmarschall Blücher nach der Schlacht von Waterloo im Triumphzug wieder heimholte. Nach dem zweiten Weltkrieg wurde die von den Bomben der Alliierten schwer beschädigte Quadriga restauriert. Während des Arbeiteraufstands 1953 in Ost-Berlin wurde die Statue entfernt und später wieder aufgestellt. Auf das Konto der DDR gehen zwar viele Albernheiten, aber ein Vergleich historischer Fotos widerlegt die im Westen erhobene Behauptung, die Quadriga sei in die andere Richtung gedreht worden.

Insel in der Dahme, die Sie mit der Straßenbahn Nr. 86 ab Bahnhofstraße bis Schloßplatz erreichen können. Im Sommer werden gelegentlich Konzerte veranstaltet.

Heute findet man hier ein **Kunstgewerbemuseum** mit einer ausgezeichneten Sammlung von mittelalterlichem Goldschmuck, venezianischem Glas, Meißner Porzellans und auch von Rokoko-Möbeln aus dem 18. Jh. Das Museums-Café kann sich einer schönen Sicht auf den Fluß rühmen.

Östlich von Köpenick bildet die erweiterte Spree den **Großen Müggelsee,** Berlins größtes Gewässer, das zu Bootsfahrten und Picknicken am Strand einlädt.

Museen

Auch die Berliner Museumslandschaft ist im Wandel begriffen. Mit den Veränderungen durch die Wiedervereinigung werden die Kunstsammlungen neu gegliedert. Nach 1945 kamen viele Stücke aus **62** Ost-Berlin und Potsdam in den Westen. Nach der Renovierung des Neuen Museums auf der Museumsinsel und dem Ausbau des Kulturforums dürften manche Gemälde und Skulpturen wieder umziehen. Dies wird allerdings noch eine Weile dauern; am besten erkundigen Sie sich vor einem Besuch beim Fremdenverkehrsamt, um die neuesten Informationen zu erhalten.

Wir haben die Museen in drei Gruppen aufgeteilt: im Westteil Charlottenburg, Dahlem, Kreuzberg und der Tiergarten, im Osten die Museumsinsel und das Nikolaiviertel und als dritte Gruppe weitere wichtige Museen im Ost- und Westteil Berlins.

Die meisten Museen sind ausgezeichnet gestaltet und bieten reichhaltiges Informationsmaterial. Die Öffnungszeiten finden Sie in der BERLITZ-INFO. Sonntags und an öffentlichen Feiertagen ist der Eintritt im allgemeinen frei.

CHARLOTTENBURG

Für die Museen beim Schloß wird sich noch vieles ändern.

Die ägyptischen, griechischen und römischen Stücke werden wohl ins Pergamon-Museum pilgern und die Galerie der Romantik dürfte im Tiergarten landen. Die hier angegebenen Adressen gelten daher nur für die unmittelbare Zukunft.

Mit einer Tageskarte können Sie die Ägyptischen, die Klassischen und die Vorgeschichtlichen Museen sowie die Galerie der Romantik besuchen; mit einer *Sammelkarte* das Schloß (mit einer einstündigen Führung durch die königlichen Gemächer), Belvedere, Goldene Galerie und Schinkel-Pavillon.

Ägyptisches Museum

Schloßstraße 70
Dieses Museum mit einer der bedeutendsten Sammlungen ägyptischer Kunst außerhalb Ägyptens gibt mit Skulpturen, Fragmenten von Pyramiden und Hieroglyphentafeln einen Überblick über drei Jahrtausende. Am berühmtesten ist die 1912 ausgegrabene Büste der **Königin Nofretete** (1340 v.Chr.), der Gemahlin von Amenophis IV. (Echnaton).

Einen Stock tiefer am Eingang zum **Marstall**, dem alten Pferdestall mit seinem eindrucksvollen Gewölbe, steht das monumentale **Kalabsha-Tor** (20 v.Chr.), das in den sechziger Jahren vor den Fluten des Assuan-Staudamms gerettet wurde.

Beachten Sie auch die vielen kleineren Kostbarkeiten in der Sammlung, etwa das **Grüne Haupt von Berlin**, den restaurierten **Tempelhof** vom König Sahu-Re, Mumien, Sarkophage, blaue Fayence-Totengaben in Tierform und noch vieles mehr.

Antikenmuseum

Schloßstraße 1
Der identische Bau gegenüber dem ägyptischen Museum beherbergt griechische und römische Antiquitäten. Höhepunkte sind minoische Statuetten aus Kreta, Bronzen aus Sparta, Samos und Dodona, attische Vasen mit roter Figurenmalerei, die stattliche Sammlung griechischer und etruskischer Goldornamente und die römischen Edelsteine.

63

Galerie der Romantik

*Schloß Charlottenburg,
Ostflügel*
Das Schloß ist der ideale Rahmen für die Arbeiten romantischer Maler des 19. Jh. Die Galerie besitzt das berühmte Gemälde von Watteau *Einschiffung nach Cythera* und eine große Sammlung der Werke von **Caspar David Friedrich.** Hervorragende Beispiele seiner Malerei sind *Abtei im Eichwald* (1809) und *Der Mönch am Meer* (1810). Beachten Sie auch Johann Hummels perspektivische Studie, einer Abbildung der Granitkugel, die im Lustgarten vor dem Alten Museum steht.

Museum für Vor- und Frühgeschichte

*Schloß Charlottenburg,
Westflügel*
Sehr schön ausgestellte Töpferwaren, Waffen, Werkzeuge und Haushaltsgegenstände aus der Steinzeit und der Bronzezeit. Diashows in mehreren Sprachen erläutern die Ausstellungsstücke.

DAHLEM

Die größte Ansammlung von Museen findet man in diesem grünen Vorort im Südwesten von Berlin. Gemäldegalerie, Skulpturengalerie, Völkerkundemuseum und die Museen für Indische, Ostasiatische und Islamische Kunst sind auf dem Gelände gruppiert; im Erdgeschoß sind auch ein Museum für Kinder und eines für Sehbehinderte. Das Brücke-Museum und der Botanische Garten liegen gleich nebenan.

Fahren Sie mit der U2 ab Wittenbergplatz nach Dahlem-Dorf. Das Café Zodiaco am Bahnhof lädt zu italienischem Essen und im Sommer zu Erfrischungen im Freien ein.

Botanischer Garten und Museum

Königin-Luise-Straße 6-8
Im Tropenhaus gedeihen ungefähr 18 000 exotische Pflanzen. Für Sehbehinderte wurde ein Tast- und Duftgarten eingerichtet. Das Museum am Nordeingang erläutert Geschichte und Nutzen der Flora.

Hotel- und Restaurant-
empfehlungen

HOTELS (BERLIN WEST UND CHARLOTTENBURG)

Schloßparkhotel

TIERGARTEN

CHARLOTTENBURG

Consul

Hotel am Studio
Ibis

Seehof

Heidelberg
Alpenland

Astoria

Inter-Continental

Pension Seeblick

Kanthotel

Hotel-Pension Funk

Curator

Palace

Bristol Kempinski

Meineke

Steigenberger Berlin

Heinz Kardell

Bogota
Askanischer Hof

Mondial

Berlin Mark

Lietzenburger

Hotel-Pension Juwel

Kronprinz Berlin

Artemisia Frauen

Domus

Lichtburg

N

0   0.5 km

WILMERSDORF

Hotelempfehlungen

Die folgende Hotelauswahl ist in vier Preisklassen gegliedert und umfaßt folgende Bezirke: West-Berlin (Zentrum), Charlottenburg, Kreuzberg, Ost-Berlin (Zentrum) und Potsdam. Es ist stets ratsam, ein Zimmer im voraus zu buchen, entweder durch Ihr Reisebüro oder direkt im Hotel. Neben den Telefonnummern finden Sie auch – soweit vorhanden – die Telefaxnummern.

Im Osten haben seit der Wiedervereinigung einige Hotels geöffnet; sie sind denen im Westen im Komfort vielleicht nicht immer ganz ebenbürtig, holen jedoch stark auf und sind, vor allem im Bezirk Mitte, oft in der Nähe der wichtigsten Sehenswürdigkeiten gelegen.

Das Frühstück ist meist im Preis inbegriffen; einige teurere Etablissements verlangen jedoch einen Zuschlag. Als Anhaltspunkt (für ein Doppelzimmer mit Bad, einschließlich Frühstück) gelten folgende Symbole:

I	unter DM 190
II	DM 190-220
III	DM 220-350
IIII	über DM 350

WEST-BERLIN, ZENTRUM

Alpenland Hotel II
Carmerstr. 8,
10585 Berlin
Tel. 312 39 70
Fax 313 84 44.
Am Savignyplatz gelegen. 43 komfortabel und angenehm möblierte Zimmern, einige davon mit großem Badezimmer. Eine Bar ist ein zusätzliches Atout.

Artemisia Frauenhotel II
Brandenburgische Str. 18,
10709 Berlin
Tel. 87 89 05, Fax 861 86 53.
Kleine, ruhige Frauenpension mit Einrichtungen für Kinder (bis acht Jahre kostenlos).

Askanischer Hof IIII
Kurfürstendamm 53,
10589 Berlin
Tel. 881 80 33/34/53
Fax 881 72 06.

Kleiner Familienbetrieb in ruhiger Lage. Angenehme Atmosphäre anno 1900, sehr freundlicher Empfang. Kinder willkommen.

Berlin Mark Hotel IIII

Meinekestr. 18,
10589 Berlin
Tel. 88 00 20
Fax 88 00 28 04.
217 Zimmer. Günstig gelegenes Familienhotel »mit Schwung« und nettem Bistro mit Terrasse.

Bristol-Hotel IIII
Kempinski

Kurfürstendamm 27,
10589 Berlin
Tel. 88 43 40
Fax 883 60 75.
Internationales Luxus-Großhotel mit ausgezeichneten Einrichtungen: Konferenzsäle, Solarium, Sauna, mehrere Restaurants, Babysitting-Dienst, Schwimmhalle. Schalldichte komfortable und hübsch eingerichtete Zimmer.

Curator Hotel IIII

Grolmanstr. 41-43,
10589 Berlin
Tel. 88 42 60
Fax 88 42 65 00.
Elegantes Hotel in ruhiger Lage am Savignyplatz mit 100 geschmackvoll möblierten Zimmern sowie Sauna, Solarium und Bar.

Grand Hotel IIII
Esplanade

Lützowufer 15,
10785 Berlin
Tel. 26 10 11
Fax 265 11 71.
402 Zimmer. Für Kinder bis zu 12 Jahren im Elternzimmer kostenlos. Eigener Hausarzt; Bibliothek mit 4000 Kunstbüchern; Cocktail-Bar im Erdgeschoß. Frühstück nicht inbegriffen.

Hotel Arco II

Kurfürstendamm 30,
10589 Berlin
Tel. 882 63 88
Fax 881 00 02.
Reizende Pension im 3. Stock mit 20 geräumigen Zimmern, 10 davon mit Dusche. Frühstückssaal mit Balkon auf den Ku'damm. Die Wände schmücken moderne Kunstwerke, und die Zimmer zeichnen sich durch Geräumigkeit aus. Fitness-fördernd: kein Lift.

Hotel Astoria III

Fasanenstr. 2,
10585 Berlin
Tel. 312 40 67
Fax 312 50 27.
33 Zimmer. Hotel garni. Sonderpreise für Kinder bis zu 12 Jahren. Der Komfort umfaßt Babysitting-Einrichtungen, einen Flughafenbus und eine Hotel-Jacht.

67

Hotel Bogota   ▌-▐▐

Schlüterstr. 45,
10589 Berlin
Tel. 881 50 01, Fax 883 58 87.
Schön gelegen am Ku'damm. Die meisten Räume haben Dusche.

Hotel Consul   ▐▐

Knesebeckstr. 8-9,
10589 Berlin
Tel. 31 10 60, Fax 883 49 03.
Kürzlich renoviert; bietet geräumige Zimmer und ein komfortables Foyer.

Hotel Domus   ▐

Uhlandstr. 49,
10589 Berlin
Tel. 88 20 41, Fax 882 04 10.
73 Zimmer. Ruhiges, zentral gelegenes Hotel garni.

Hotel Eden   ▌-▐▐

Sächsische Str. 70,
10589 Berlin
Tel. 882 20 66, Fax 882 57 61.
63 Zimmer. Ruhige Pension mit traditioneller Atmosphäre. Kostenlos für Kinder unter 12, die im Elternzimmer übernachten.

Hotel Heidelberg   ▐

Knesebeckstr. 15,
10585 Berlin
Tel. 31 01 03, Fax 313 58 70.

40 Zimmer. Familienbetriebenes Hotel garni in ruhiger Lage nahe Savigny-Platz. Einrichtungen für Kinder. Flughafenbus.

Hotel Inter-Continental   ▐▐▐▐

Budapester Str. 2,
10785 Berlin
Tel. 2 60 20, Fax 260 28 07 60.
Großes, modernes Hotel beim Zoo. Zwei Restaurants, Schwimmbad und Sauna. Blick über den Tiergarten. Frühstück gegen Zuschlag.

Hotel Kronprinz Berlin   ▐▐

Kronprinzendamm 1,
10709 Berlin
Tel. 89 60 30, Fax 893 12 15.
Reizvolles Hotel in einem alten Berliner Herrenhaus. Einige Zimmer mit Balkon. Im Garten werden manchmal Skulpturen ausgestellt.

Hotel Lichtburg   ▐▐

Paderborner Str. 10,
10589 Berlin
Tel. 891 80 41, Fax 892 61 06.
64 ruhige Zimmer. Babysitting und Spezial-Diät auf Wunsch.

Hotel Meineke   ▐▐

Meinekestr. 10,
10589 Berlin
Tel. 88 28 11, Fax 882 57 16.

66 Zimmer. Ruhiges, ansprechendes Hotel garni mit großen, komfortablen Räumen.

Hotel Palace   ▯▯▯▯
Europa Center,
10785 Berlin
Tel. 25 49 70, Fax 262 65 77.
322 Zimmer, kürzlich renoviert. Geräumig und gut ausgestattet. Bietet gute Konferenzräumlichkeiten mit eigenem Restaurant. Zuschlag für Frühstück.

Hotel-Pension Funk   ▯
Fasanenstr. 69.
10589 Berlin
Tel. 882 71 93, Fax 882 79 13.
Kleines Hotel mit 15 großen Räumen, aber nicht alle haben Dusche. An einer der schönsten Straßen in Ku'damm-Nähe gelegen.

Hotel-Pension Juwel   ▯
Meinekestr. 26,
10589 Berlin
Tel. 882 71 41, Fax 885 14 13.
18 Zimmer. Familien-Hotel garni. Babysitting-Einrichtungen. Ruhige Lage in historisch interessanter Gegend.

Mondial   ▯▯▯
Kurfürstendamm 47,
10589 Berlin
Tel. 88 41 10, Fax 88 41 11 50.

Komfortable Zimmer und freundliche Bedienung. Auch für Behinderte geeignet.

Steigenberger   ▯▯▯▯
Los-Angeles-Platz 1,
10785 Berlin
Tel. 32 10 80, Fax 210 81 17.
Großes, modernes Hotel in bester Lage mit Konferenzeinrichtungen, Sauna und Solarium.

CHARLOTTENBURG

Hotel am Studio   ▯-▯▯
Kaiserdamm 80,
10589 Berlin
Tel. 30 20 81, Fax 301 95 78.
77 Zimmer. Hotel garni. Sonderpreise für Kinder.

Hotel Ibis   ▯
Messedamm 10,
10589 Berlin
Tel. 30 39 30, Fax 301 95 36.
191 Zimmer. Das Hotel garni bietet Kinder-Sonderpreise und Konferenzräumlichkeiten.

Hotel Heinz Kardell   ▯▯
Gervinusstr. 24,
10585 Berlin
Tel. 324 10 66, Fax 324 97 10.
32 Zimmer. Nahe S-Bahn-Station Charlottenburg. Ruhig, Familienbetrieb. Internationales Restaurant; auf Wunsch Spezialdiät.   **69**

Hotel Seehof |||-|||||

Lietzensee-Ufer 11,
10589 Berlin
Tel. 32 00 20
Fax 32 00 22 51.
78 Zimmer. Attraktives Hotel am Lietzensee-Ufer mit Konferenzeinrichtungen, Sauna, Aufzug und Restaurant. Das Frühstück ist nicht inbegriffen.

Kanthotel ||

Kantstr. 111,
10585 Berlin
Tel. 32 30 26
Fax 324 09 52.
55 Zimmer. Hotel garni, Familienbetrieb. Babysitting, Zimmer für Behinderte, Konferenzräume. Kinder- und Wochenend-Spezialtarife.

Pension Seeblick |

Neue Kantstr. 14,
10589 Berlin
Tel. 321 30 72.
10 Zimmer. Familienpension am See. Günstiges Frühstück.

Schloßparkhotel ||

Heubnerweg 2a,
10589 Berlin
Tel. 322 40 61
Fax 325 88 61.
39 Zimmer. Ruhige Lage am Charlottenburger Schloßpark, Swimmingpool, Einrichtungen für Konferenzen.

70

KREUZBERG

Hervis Hotel International ||

Stresemannstr. 97-103,
10969 Berlin
Tel. 261 14 44
Fax 261 50 27.
72 Zimmer. Ruhiges, modernes Hotel garni nahe des Anhalter Bahnhof. Konferenzräumlichkeiten. Kostenlose Unterkunft für Kinder unter 12, die im Elternzimmer schlafen.

Hotel Transit |

Hagelberger Str. 53,
10969 Berlin
Tel. 785 50 51
Fax 785 96 19.
Erschwingliches Hotel mit jugendlicher Atmosphäre. Für ganz kleine Budgets gibt es auch einen Schlafsaal.

Riehmers Hofgarten ||

Yorckstr. 83,
10969 Berlin
Tel. 78 10 11
Fax 786 60 59.
38 Zimmer. Hotel garni in einem historischen Gebäude beim Viktoria-Park. Bietet ein gutes Restaurant und auch Konferenzräumlichkeiten. Ausgezeichnete Lage, um die Bezirke Kreuzberg und Mitte zu erkunden.

OST-BERLIN, ZENTRUM

Berlin Hilton |||||
Mohrenstr. 30,
10179 Berlin
Tel. 238 20
Fax 28 24 26 93.
370 Zimmer. Früher als Dom be-
kannt; gehört heute zur Hilton-
Kette. An historischer Stätte beim
Gendarmenmarkt gelegen. Ausge-
zeichnete komfortable Zimmer, 6
Restaurants, Sauna, Schwimmbad
und Squashplatz.

Berlin Hilton Krone |||
Kronenstr. 48,
10179 Berlin
Tel. 238 20
Fax 23 82 42 69.
Eine Niederlassung des Berlin
Hilton. Die komfortablen Zimmer
sind mit Mini-Bar, Telefon und
Fernseher ausgestattet. Eigener
Tennisplatz.

Grand Hotel Berlin |||||
Friedrichstr. 158-164,
10179 Berlin
Tel. 232 70
Fax 23 27 33 62.
350 Zimmer. Wundervolle Stilmö-
bel-Einrichtung. An der Ecke
Unter den Linden und Friedrichstraße. Ideal für den Besuch der
Museumsinsel. Das Frühstück ist
zuschlagspflichtig.

Hotel Berolina ||
Karl-Marx-Allee 31,
10179 Berlin
Tel. 210 95 41
Fax 212 34 09.
350 komfortable Zimmer. Nahe
Alexanderplatz. Restaurant und
Konferenzeinrichtungen. Gut gele-
gen für Ausflüge im Ost-Teil.

Hotel Luisenhof |
Köpenicker Str. 92,
10179 Berlin
Tel. 270 05 43
Fax 279 29 83.
Der Luisenhof liegt in einem hüb-
sch renovierten Gebäude aus dem
19. Jh. Ausgezeichnete Lage, um
die Museen und Sehenswürdig-
keiten um die Mitte zu erkunden.
Fax- und Fotokopiereinrichtungen.
Komfortable Zimmer mit Radio,
Fernseher und Mini-Bar.

Hotel Märkischer Hof |
Linienstr. 133,
10179 Berlin
Tel. 282 71 55.
Angenehmes Familienhotel in
Nähe Friedrichstraße. Komfortable
Zimmer mit Fernseher, Radio und
Telefon. Konferenzräumlichkeiten.

Hotel Metropol |||||
Friedrichstr. 150-153,
10179 Berlin
Tel. 20 30 70, Fax 20 30 75 09.

340 renovierte Zimmer. Vier Restaurants, jeglicher Komfort, auch für Behinderte Reisende. Angenehme Lage: Unter den Linden und das Brandenburger Tor sind gleich nebenan. Frühstück gegen Aufschlag.

Hotel Unter den Linden ▮▮▮

Unter den Linden 14,
10179 Berlin
Tel. 23 81 10
Fax 23 81 11 00.
322 Zimmer, komfortabel und ansprechend eingerichtet; nicht alle Zimmer sind jedoch geräumig. Freundliches Personal. Beste Lage um die Museumsinsel zu besuchen. Freundliches Personal.

Radisson Plaza Hotel ▮▮▮

Karl-Liebknecht-Str. 5,
10179 Berlin
Tel. 238 28
Fax 212 72 73.
Modernes Hotel mit 600 Zimmern, alle komfortabel und ansprechend mit Fernseher eingerichtet. Vier Restaurants, Sauna, Konferenzzentrum und Bar.

Spreehotel ▮▮▮

Wallstr. 59,
10179 Berlin
Tel. 273 60
Fax 200 21 09.

In einer ruhigen Seitenstraße mit Aussicht auf die Spree gelegen. Die Zimmer sind komfortabel, geräumig und gut eingerichtet. Kinder unter 6 Jahre übernachten kostenlos.

POTSDAM

Hotel Mercure Potsdam ▮▮

Lange Brücke,
1561 Potsdam
Tel. (0331) 46 31
Fax 2 34 96.
Dieses moderne Hotel in Stadtnähe bietet 184 zweckmäßige und bequeme Zimmer, Konferenzräumlichkeiten und Bar. Das Restaurant serviert spezielle Diät-Menüs auf Anfrage. Mit schöner Aussicht auf Potsdam und die Havel.

Travel Hotel Schloß Cecilienhof ▮▮▮

Am Neuen Garten,
1561 Potsdam
Tel. (0331) 3 70 50
Fax 2 24 98.
Direkt im Schloßflügel gelegen, wo das Potsdam-Abkommen ausgehandelt wurde. Der Cecilienhof erwartet seine Gäste mit schönen Zimmern in einer gemütlichen Landhaus-Stimmung. Ein eigenes Fahrzeug ist unerläßlich.

Restaurantempfehlungen

Berlin hat eine Unmenge an Restaurants zu bieten; die »Szene« ist jedoch im steten Wandel begriffen, vor allem in Ostberlin, wo die Ansprüche nicht immer denen im Westen entsprechen. Eine Restaurant-Liste ist außerdem schnell überholt; erkundigen Sie sich deshalb auch vor Ort nach den neuesten Geheimtips.

In den nachstehend aufgeführten Restaurants schätzten wir sowohl die Speisen als auch die Bedienung; wer weitere empfehlenswerte Lokale ausfindig macht, kann uns das gern wissen lassen.

Für kleine Börsen gibt es fast überall Pizzerien und Schnell-imbiß-Stände.

Als »Richtpreis« (für eine Mahlzeit mit Vorspeise, Haupt-gericht und Dessert) stehen die folgenden Symbole:

▌	unter DM 50
▌▌	DM 50-70
▌▌▌	über DM 70

Viele Restaurants schließen an einem oder zwei Tagen in der Woche, um Weihnachten und Neujahr, und für eine Woche im Sommer.

Erkundigen Sie sich vorher telefonisch, damit Sie beim Restaurant Ihrer Wahl nicht vor verschlossener Tür stehen.

WEST-BERLIN, ZENTRUM

Café Kranzler ▌▌
Kurfürstendamm 18,
10589 Berlin
Tel. 882 69 11.
Gutbürgerliche Atmosphäre am Ku'damm – sehen und gesehen werden, heißt hier die Devise.

Ganztägig von 8 Uhr bis Mitternacht geöffnet.

Café Möhring ▌▌
Kurfürstendamm 234,
10589 Berlin
Tel. 882 38 44.
Einst ein Treffpunkt der Intellektuellen und Politiker und heute eine Berliner Institution mit eleganter Einrichtung und klassi-

scher Musik. Täglich von 8-22 Uhr geöffnet.

Florian   ‖

Grolmanstr. 52,
10585 Berlin
Tel. 313 91 84.
Reservierung empfohlen. Lärmiger Snob-appeal mit Nürnberger Küche am Savignyplatz. Geöffnet abends von 18 bis morgens 3 Uhr.

Fofi's Estiatorio   ‖

Fasanenstr. 70,
10585 Berlin
Tel. 881 87 85.
Die vielen Stammkunden ergötzen sich an ausgezeichneter italienisch-griechischer Küche. Geöffnet täglich von19.30 bis 1 Uhr.

Hard Rock Café   ‖

Meinekestr. 21,
10589 Berlin
Tel. 88 46 20.
Etwas lauter US-Stil. Echt amerikanische Hamburger. Von 12 bis 2 Uhr geöffnet.

Hardtke   ‖

Meinekestr. 27,
10589 Berlin
Tel. 881 98 27.
Traditionelle Berliner Spezialitäten wie hausgemachte Wurst in lebhafter Berliner Atmosphäre. Täglich von 11-0.30 Uhr geöffnet.

Istanbul   ‖-‖‖

Knesebeckstr. 77,
10585 Berlin
Tel. 883 27 77.
Wie der Name schon sagt: köstliche türkische Spezialitäten zuhauf, auch Vegetarier werden hier glücklich. Täglich von Mittag bis Mitternacht geöffnet.

Kashmir Palace   ‖‖‖

Marburger Str. 14,
10785 Berlin
Tel. 214 28 40.
Nordindische Kost in üppiger Umgebung. Täglich von 18-24 Uhr geöffnet.

Kempinski-Grill   ‖‖‖

Kurfürstendamm 27,
10589 Berlin
Tel. 88 43 40.
Sehr renommiertes Etablissement, aber eher für das prächtig renovierte Interieur als für die etwas überbewertete Küche. Täglich von 13-15 Uhr und von 18 Uhr bis Mitternacht geöffnet.

Lutter & Wegner   ‖

Schlüterstr. 55,
10585 Berlin
Tel. 881 34 40.
Eine elegante Institution, die schon seit 1811 bei Jung und Alt beliebt ist. Jazzmusik. Von 19 bis 3 Uhr geöffnet.

Restaurant am Fasanenplatz   ‖‖-‖‖‖

Fasanenstr. 42,
10589 Berlin
Tel. 883 97 23.

Ruhiges Lokal mit feinster deutscher Kost. Reservierung empfohlen. Geöffnet ab Mittag bis 2 Uhr, sonntags 18.30-23 Uhr. Montag geschlossen.

Shell   ‖

Knesebeckstr. 22,
10585 Berlin
Tel. 312 83 10.

Ruhiges Lokal in der Literaturhaus-Villa. Ideal gelegen für die Besucher des Käthe-Kollwitz-Museums. Täglich von 10-1 Uhr morgens geöffnet.

Wintergarten   ‖

Fasanenstr. 2,
10589 Berlin 15
Tel. 882 54 14.

Ruhiges Lokal in der Literaturhaus-Villa. Ideal gelegen für Besucher des Käthe-Kollwitz-Museums. Täglich von 10-1 Uhr morgens geöffnet.

CHARLOTTENBURG

Alt Luxemburg   ‖

Windscheidstr. 31,
10585 Berlin
Tel. 323 87 30.

Ausgezeichnete traditionelle Küche in bürgerlichem Rahmen. Reservierung ist empfehlenswert. Geöffnet von Dienstag bis Samstag von 19-1 Uhr.

Angkor   ‖

Seelingstr. 34-36,
10589 Berlin
Tel. 325 59 94.

Vorzügliche kambodschanische Küche in gepflegtem Ambiente. Reservierung ist empfehlenswert. Täglich außer dienstags von 18 bis 23 Uhr geöffnet.

Ax Bax   ‖

Leibnizstr. 34,
10625 Berlin
Tel. 313 85 94.

Traditionelle deutsche und österreichische Gerichte werden von österreichischen Kellnern auf den Tisch gebracht. Reservierung ist empfehlenswert. Täglich von 17 bis 1 Uhr geöffnet.

Der Ägypter   ‖

Kantstr. 26,
10585 Berlin
Tel. 313 92 30.

Hier werden ägyptische Gerichte zu günstigen Preisen und in großen Portionen serviert, und Vegetarier kommen auch auf ihre Kosten. Der Ägypter ist täglich von 17 bis 1 Uhr geöffnet.

Paris-Bar ▯▯

Kantstr. 152,
10589 Berlin
Tel. 313 80 52.
Klassische deutsche und europäische Kost in intellektuell-künstlerischer Atmosphäre. Treffpunkt für alle, die »trendy« sind oder sein wollen. Geöffnet täglich von Mittag bis 1 Uhr.

Toto ▯▯

Bleibtreustr. 55,
10623 Berlin
Tel. 312 54 49.
Schickes Haus mit immer frisch zubereiteten italienischen Gerichten. Reservierung ist empfehlenswert. Geöffnet täglich von Mittag bis Mitternacht.

Trio ▯▯▯

Klausenerplatz 14,
10589 Berlin
Tel. 321 77 82.
Moderne Kunst in einem eleganten Restaurant gleich gegenüber dem Schloß Charlottenburg. Geöffnet täglich außer am Mittwoch 19-23.30 Uhr.

KREUZBERG

Gropius ▯

Stresemannstr. 100,
10969 Berlin
Tel. 262 76 20.

Geräumiges Lokal mit moderner Kunst und Topfpalmen im Martin-Gropius-Bau. Vegetarische und »normale« Gerichte. Geöffnet von 11 bis 20 Uhr, sonntags 10-18 Uhr. Montag und Dienstag geschlossen.

Großbeerenkeller ▯

Großbeerenstr. 90,
10969 Berlin
Tel. 251 30 64.
Deutsche Küche in einem alten Keller. Geöffnet von Montag bis Freitag von 16-2 Uhr und samstags ab 18 Uhr.

Hostaria del Monte Croce ▯▯

Mittenwalder Str. 6,
10969 Berlin
Tel. 694 39 68.
Mächtige Portionen echter italienischer Kost, authentische Stimmung. Nur abends geöffnet, Sonntag und Montag geschlossen. Vorher reservieren!

Osteria No. 1 ▯

Kreuzbergstr. 71,
10969 Berlin
Tel. 782 91 62.
Junge Kundschaft sorgt für lebhafte Stimmung. Ausgezeichnetes Essen. Reservieren empfiehlt sich auf jeden Fall. Geöffnet von Mittags bis Mitternachts, Freitag und Samstag geschlossen.

Thürnagel █

Gneisenaustr. 57,
10969 Berlin
Tel. 691 48 00.
Im Trend liegendes Vegetarier-Restaurant. Täglich von 18-24 Uhr geöffnet.

MITTE

Beth Café █

Tucholskystr. 40,
10179 Berlin
Tel. 281 31 35.
Koscheres Lokal im jüdischen Viertel mit Bistro-Atmosphäre. Bis 22 Uhr geöffnet, Freitag und Samstag geschlossen.

Borchardt █████

Französische Str. 47,
10179 Berlin
Tel. 229 31 44.
Eleganter Touch der wilden Zwanziger Jahre am historischen Gendarmenmarkt. Getränke werden bis 2 Uhr serviert.

Café Orange █

Oranienburger Str. 32,
10179 Berlin
Tel. 282 00 28.
Immer »bumsvoll« – sicher wegen der köstlichen Spaghetti und Salate. Auch das Stuckdekor ist beeindruckend. Geöffnet täglich von 10-2 Uhr.

Café Oren █

Oranienburger Str. 28,
10179 Berlin
Tel. 282 82 28.
Prachtvolles Restaurant bei der Neuen Synagoge. Fleischlose jüdische und orientalische Spezialitäten können Sie in angenehmer Umgebung versuchen. Versuchen Sie den »Orient-Express«. Von 10 bis 1 Uhr geöffnet.

Ermeler Haus ████

Märkisches Ufer 10,
10179 Berlin
Tel. 279 36 17.
Elegantes Restaurant an der Spree mit barocker Wendeltreppe. Gute Weinkarte. Geöffnet täglich außer Montag von 18-1 Uhr.

Französischer Hof ██-███

Jägerstr. 56,
10179 Berlin
Tel. 229 39 69/229 31 52.
Große Auswahl an Speisen aus aller Welt. Jeden Tag gibt es eine Auswahl von zehn Gerichten zu einem festem Preis. Gleich gegenüber dem Französischen Dom. Geöffnet täglich von 11 Uhr bis Mitternacht.

Opern Palais █-███

Unter den Linden 5,
10179 Berlin
Tel. 200 22 69.

77

Gleich zwei Restaurants und zwei Cafés finden Sie in diesem renovierten Herrenhaus der Staatsoper: den Operntreff mit Mittelmeer-Gerichten und Musik, das Königin-Luise-Restaurant mit feiner deutscher Kost, das Operncafé mit einer reichen Auswahl an Salaten und Torten, und schließlich den Fridericus mit Fisch-Spezialitäten. Täglich bis Mitternacht.

Reinhard's   ‖

Poststr. 28
10179 Berlin
Tel. 242 52 95.
In diesem lebhaften »Bistro« des restaurierten Nikolaiviertels wird amerikanisches Essen hauptsächlich Geschäftsleuten serviert. Täglich ab 9 morgens bis 1.30Uhr nachts geöffnet.

Restaurant Moskau   ‖

Karl-Marx-Allee 34
10179 Berlin
Tel. 279 16 70.
Die ukrainische Speisekarte kann in bürgerlicher Umgebung konsultiert werden. Geöffnet täglich ab Mittag bis Mitternacht.

Turmstuben   ‖

Gendarmenmarkt 5
(im Französischen Dom),
1080 Berlin
Tel. 229 93 13.

Internationale Speisekarte und ausgezeichnete Fischgerichte. Berauschende Auswahl an Weinen. Günstige Lage gleich neben dem Schauspielhaus. Täglich ab Mittag bis 1 Uhr geöffnet.

AUßERHALB VON BERLIN

Aphrodite   ‖

Schönhauser Allee 61,
10407 Berlin
Tel. 448 17 09.
Am Prenzlauer Berg gelegenes Restaurant mit kreativem, einfallsreichem Küchenchef – besonders in Sachen Fisch. Hervorragende Speise- und mittelmäßige Weinkarte. Nur abends. Sonntags und im Juli geschlossen.

Bamberger Reiter   ‖‖‖

Regensburger Str. 7,
10785 Berlin
Tel. 24 42 82.
Im Bamberger Reiter gibt es nur Abendessen, und eine Reservierung ist sehr zu empfehlen. Ein feiner Hauch von Tiroler Küche gibt den Speisen das gewisse Etwas. Köstliche Desserts. Die freundliche Bedienung macht das Vergnügen komplett. Sonntags, Montags, zwei Wochen im Januar und während drei Wochen im August geschlossen.

Biberau   III

Durlacherstraße,
11407 Berlin
Tel. 853 23 90.
Deutsche und französische Köstlichkeiten in gutbürgerlichem Milieu. Täglich außer donnerstags bis 1 Uhr geöffnet.

Blockhaus Nikolskoe   III

Nikolskoer Weg,
Wannsee,
14109 Berlin
Tel. 805 29 14.
Deutsche Küche wird hier serviert – mit herrlichem Blick über die Havel und Pfaueninsel. Geöffnet von 10-22 Uhr.

Café Einstein   I

Kurfürstenstr. 58,
10785 Berlin
Tel. 261 50 96.
In diesem Kaffeehaus im Wiener Stil mit Literaten-Ambiance können Sie gemütlich die neuesten internationalen Zeitungen lesen. Täglich von 10-2 Uhr geöffnet.

Candela   I

Grunewaldstr. 81,
10969 Berlin
Pizza und Pasta sowie ein täglich wechselnder Tagesteller stehen im Candela auf der Speisekarte. Dieses authentisch italienische Lokal zeichnet sich auch durch

eine freundliche Bedienung aus. Täglich von 10-2 Uhr geöffnet.

Forsthaus Paulsborn   II-III

Am Grunewaldsee,
Zehlendorf,
14163 Berlin
Tel. 813 80 10.
Sympathisches Restaurant beim Jagdschloß Grunewald mit bester Sicht auf den See. Spezialitäten sind u.a. geräucherter Lachs aus Schottland und zahlreiche Wildgerichte. Geöffnet von Dienstag bis Samstag ab 11 bis 23 Uhr und im Winter von 11-18 Uhr. Montags geschlossen.

Hakuin   I

Martin-Luther-Str. 1,
10785 Berlin
Tel. 218 20 27.
Vortreffliche Curry-Gerichte und buddhistische Vegetarier-Kost in ruhiger Lage. Nichtraucher-Ecke. Geöffnet täglich außer donnerstags bis 23.30 Uhr.

La Maskera   I

Gustav-Müller-Str. 1,
10781 Berlin
Tel. 784 12 27.
Italienisches Vegetarier-Restaurant mit (natürlich) *Pasta*, aber auch interessanten Tofu-Menüs. Täglich bis 1 Uhr geöffnet.

79

Offenbach-Stuben II

Stubbenkammerstr. 8,
10407 Berlin
Tel. 448 41 06.
Am Prenzlauer Berg. Sonntag und
Montag geschlossen. Reservierung
ist empfehlenswert. Theatralischer
Rahmen, kunterbunte, teils exzen-
trische Gäste. Täglich bis 2 Uhr
geöffnet.

Restauration 1900 II

Husemannstr. 1,
10407 Berlin
Tel. 449 50 52.
Internationale Küche dominiert in
diesem guten Restaurant am
Prenzlauer Berg. Die Weinliste ist
gut, und die Bedienung ausgesprochen freundlich. Eine Reservierung ist empfehlenswert. Täglich außer dienstags bis 23 Uhr
geöffnet.

Rockendorf's IIII
Restaurant

Düsterhauptstr. 1,
13467 Berlin
Tel. 402 30 99.
Berlins Top-Restaurant in Waid-
mannslust. Elegante Atmosphäre
in Jugendstil-Dekor. Eine Reservierung ist empfehlenswert. Im
Sommer drei, zu Weihnachten
zwei Wochen sowie Sonntag und
Montag geschlossen. Täglich bis
23 Uhr geöffnet.

Storch IIII

Wartburgstr. 54,
10781 Berlin
Tel. 784 20 59.
Im Storch werden kulinarische
Spezialitäten aus dem Elsaß wie
beispielsweise die herrliche *tarte
flambée* serviert. Täglich bis 1 Uhr
geöffnet.

Udagawa II

Feuerbachstr. 24,
Steglitz,
12169 Berlin
Tel. 792 23 73.
Hier können Sie eine hervorragen-
de japanische Küche genießen.
Reservierung ist empfehlenswert.
Geöffnet täglich außer dienstags
bis 23 Uhr.

Zitadellen Schänke II-IIII

Am Juliusturm
Spandau
Tel. 334 21 06.
Mittelalterliche Bankette – ab 11
Uhr jeden Samstag und Sonntag
»Berlin im Mittelalter« – werden
in den Tonnengewölben der Hi-
storischen Gaststätte abgehalten.
Ab 19 Uhr gibt es dann eine mittel-
alterliche Festtafel mit Bänkel-
gesang am Kaminfeuer. Eine
Reservierung ist empfehlenswert.
Geöffnet von dienstags bis freitags
von 18-23 Uhr und an Wochenen-
den von 11.30-23 Uhr.

Brücke-Museum

Bussardsteig 9
Dieses einstöckige Museum liegt nur 20 Minuten vom Jagdschloß Grunewald entfernt. Nehmen Sie an der U-Bahn-Station Dahlem-Dorf den Bus 180 bis Clayallee und dann den Bus 115 bis Pücklerstraße. Von dort sind es nur noch 5 Minuten zu Fuß.

Das Museum verdankt seine Entstehung 1967 einer Schenkung Karl Schmidt-Rottluffs. Er gehörte zu der Gruppe expressionistischer Maler, die sich 1905 in Dresden unter dem Namen *Die Brücke* zusammengetan hatten und dort bis 1913 arbeiteten. Unter den Nationalsozialisten galt diese Kunst als entartet. Schmitt-Rottluffs eigene kühne Werke hängen neben denen seiner Weggefährten Erich Heckel, Ernst Ludwig Kirchner, Max Pechstein und Emil Nolde. Inspiriert durch van Gogh, Gauguin und Cézanne, stellen die Bilder eine Reaktion auf die ästhetisierenden Feinheiten des Jugendstils dar. Fast alle der hier gezeigten Wechselausstellungen sind den Künstlern der »Brücke« gewidmett.

Gemäldegalerie

Arnimallee 23
Die Sammlung mit Werken aus dem 13.-18. Jh. zählt zu den bedeutendsten der Welt. Die Bilder sind zeitlich geordnet und umfassen Werke von Watteau, Gainsborough, Botticelli, Raphael, Canaletto, Holbein, Dürer, Cranach, van Eyck,

Ein Herz für Teddybären

Teddys brauchen sich auf dem Ku'damm nicht zu verstecken, seit es im Einkaufszentrum Ku'damm-Karree (Kurfürstendamm 206) das fantastische Teddybären-Museum gibt. Das Spektrum reicht vom ersten Teddy auf Eisenrädern mit Kette (1900) über den englischen Winnie the Pooh bis zum großäugigen Steiff-Teddy, dem deutschen Liebling unter den Stoffbären.

Bruegel und Rembrandt. Beachten Sie vor allem Hans Holbeins getreues Portrait des Händlers Georg Gisze (1532) und Lucas Cranachs amüsanten *Jungbrunnen* (1546). Die holländische und flämische Malerei ist ebenfalls gut vertreten: z.B. durch van Eycks geheimnisvolles *Bildnis des Giovanni Arnolfini* (1440), Vermeers Meisterwerk *Junge Dame mit Perlenhalsband* (1664), oder van Dycks Portraits eines genuesischen Ehepaars (1626). In den Räumen 235-6 können Sie eine der größten Rembrandt-Sammlungen der Welt bewundern, unter anderem ein Bildnis von Hendrickje Stoffels (1659), seiner zweiten Frau.

Museum für Indische Kunst

Lansstraße 8
Zu sehen sind, im Erdgeschoß, feine Steinskulpturen, Fresken, Wandgemälde und zarte Gewebe aus Indien, Indonesien, Thailand, Tibet, Burma und Nepal. Die Beleuchtung kann man zum Teil selbst steuern.

Museum für Islamische Kunst

Lansstraße 8
Dieses Museum befindet sich ebenfalls im Erdgeschoß und zeigt Kunstgewerbe, darunter wunderschöne Teppiche, Kacheln, Holztafeln und bunte Keramikwaren.

Museum für Ostasiatische Kunst

Lansstraße 8
Hier sind chinesische, japanische und koreanische Kunst zu besichtigen, z.B. zierliche Papierwaren, Holztafeln, Teppiche, Gemälde, Keramik und Lackarbeiten.

Museum für Völkerkunde

Lansstraße 8
Reiche Volkskunst und -kultur aus der ganzen Welt erwarten den Besucher. Kinder werden sich über die Masken, Waffen und wirklichkeitsgetreu nachgebauten Schiffe und Hütten der Polynesischen Sammlung besonders freuen.

Skulpturengalerie

Arnimallee 23-7
Diese Galerie besitzt eine phantastische Sammlung romanischer und gotischer Arbeiten aus Sachsen, Bayern und dem Rheinland mit u.a. wichtigen Werken von Tilman Riemenschneider und Martin Zürn. Von den italienischen Bildhauern sind Donatello und Cosimo Tura vertreten.

KREUZBERG

Berlin Museum

Lindenstraße 14
Das Museum für Stadt-, Kunst- und Kulturgeschichte findet man in einem hübsch restaurierten Barockgebäude, in dem sich einst das Kammergericht befand. Ein umstrittener Neubau des amerikanischen Architekten Daniel Libeskind soll bis 1995 angefügt werden; erkundigen Sie sich also vorher, ob das Museum wegen Bauarbeiten geschlossen ist. Das scharf-gezackte Design soll an Deutschlands unruhige Geschichte erinnern. In diesem Neubau werden dann die Werke ab 1800 und die jüdische Sammlung Einzug halten (zur Zeit im Berlin Museum und im Martin-Gropius-Bau).

Gegenwärtig beherbergt das Museum Berlin-Bilder von Kirchner, Liebermann, Beckmann und Corinth sowie prächtiges KPM-Porzellan. Authentisch eingerichtete Räume illustrieren das Leben des Berliner Bürgertums in der eleganten Schinkel-Zeit, im soliden Biedermeier, im Jugendstil und in der Zeit vor dem Ersten Weltkrieg. Kinder und Junggebliebene können im nächsten Stock eine Spielzeug-Sammlung, Puppenhäuser und Damenmode von 1800 bis heute bewundern.

Für kulinarische Freuden und einen Einblick in Berlins Küchengeschichte sorgt die schummrige hölzerne Weißbierstube im Keller.

Martin-Gropius-Bau

Stresemannstraße 110
Der stattliche Martin-Gropius-Bau wurde 1881 nach einem Entwurf eines Großonkels des **83**

berühmten Bauhaus-Architekten geschaffen. Bis zur Fertigstellung des Neubaus neben dem Berlin Museum werden in der **Jüdischen Abteilung** Erinnerungsstücke an die einst blühende jüdische Gemeinde Berlins gezeigt. Die **Berlinische Galerie** im ersten Stock erzählt anhand von Gemälden, Skulpturen, Fotos und Architektur das Berliner Leben von 1870 bis heute aus der Sicht führender Künstler der Stadt. Das **Werkbund-Archiv** im Dachstock ist dem Kunsthandwerk des 20. Jh. gewidmet.

Museum für Verkehr und Technik

Trebbiner Straße 9

Das auf dem Gelände des ehemaligen Anhalter Bahnhofs gelegene Museum widmet sich nicht nur der Eisenbahn, sondern auch Flugzeugen, Automobilen und Schiffen. Die Themenkreise Kommunikations-, Druck, Textil- und medizinische Technik sind ebenfalls vertreten. Junge und alte Besucher können die Maschinen und Modelle selbst bedienen

und an wissenschaftlichen Experimenten teilnehmen.

TIERGARTEN

Bauhaus-Archiv- Museum für Gestaltung

Klingelhöferstraße 13-14

Das Museum dokumentiert die Leistungen einer der progressivsten europäischen Architektur- und Designschule des 20. Jh. Die Architekten Walter Gropius, Mies van der Rohe und Marcel Breuer sowie die Maler Paul Klee, Lyonel Feininger, Wassily Kandinsky, Oskar Schlemmer und Laszlo Moholy-Nagy bemühten sich um eine Integration von Kunst, Handwerk und Architektur in die industrielle Massengesellschaft des 20. Jh.

Eine Auswahl von Objekten in der Ausstellung umfaßt Schwingsessel aus Stahlrohr, Tische und Schreibtische, Teekannen, Tassen und Untertassen, neuartige Webarten für Teppiche, Schachfiguren und Kinderbauklötze. Pionierarbeiten in größerem Maßstab galten Fabriken, Schulen und

Wohnsiedlungen. Fachlich Interessierte können in der Bibliothek herumschmökern.

Kunstgewerbemuseum

Matthäikirchplatz

Besondere Aufmerksamkeit inmitten dieser eindrucksvollen Schmucksammlung gebietet der **Welfenschatz.** Die Beispiele der Goldschmiedekunst des 11.-15. Jh. – reich mit Juwelen besetzte tragbare Altäre, Kreuze und Reliquienkästchen sind ein Teil des Schatzes, den die Welfen (Haus Braunschweig-Lüneburg) seit 1218 im Braunschweiger Dom, später in Hannover ansammelten. Weitere kostbare Ausstellungsstücke sind italienische Majoliken und eine ausgezeichnete Porzellankollektion mit Stükken aus China, Meißen, Frankenthal, Nymphenburg und Berlins Königlicher Porzellanmanufaktur (KPM).

Kupferstichkabinett

Matthäikirchplatz

Die hervorragenden **Drucke** und **Zeichnungen** im Kabinett wurden von der Gemäldegalerie ins Alte Museum verlegt und reichen von Buchmalerei aus dem 14. Jh. bis zu den modernen Holzschnitten des Expressionisten Erich Heckel und Lithographien von Willem de Koonig. Vertreten sind auch Arbeiten von Botticelli, Dürer und Rembrandt.

Musikinstrumenten-Museum

Tiergartenstraße 1

Unter den vielen historischen Musikinstrumenten befinden sich eine Stradivari-Geige von 1703 und das von 1810 stammende Klavier des Komponisten Carl Maria von Weber sowie eine riesige Wurlitzer-Kinoorgel aus New York (1929), auf der samstags zu Mittag gespielt wird. Führungen finden am Samstag um 11 Uhr statt.

Neue Nationalgalerie

Potsdamer Straße 50

Im Erdgeschoß werden wechselnde Ausstellungen gezeigt; in den tieferliegenden Räumen **85** befinden sich Kunstsammlungen aus dem 19. und 20. Jh. Nach der schändlichen Konfiszierung »entarteter Kunst« durch die Nazis baut die Galerie ihre moderne Kollektion nach und nach wieder auf. Achten Sie auf die Arbeiten von Constable, Monet, Corot, Manet, van Gogh, Rousseau, Pissarro, Cézanne, Degas, Renoir, Beckmann, Munch, Dix, Grosz, Klee, Gauguin, Magritte, Dalí und Picasso. Außerdem sind auch Skulpturen von Rodin ausgestellt.

 MUSEUMSINSEL

Die meisten Museen des ehemaligen Ost-Berlin sind auf der Museumsinsel in einer Gabelung der Spree vereint. Mit einer Tageskarte haben Sie auch freien Zutritt zum Pergamonmuseum, dem ersten Archiktektenmuseum der Welt, und zum Bode-Museum mit seinen vielen verschiedenen Abteilungen, zur prachtvollen Nationalgalerie, dem Otto-Nagel-Haus und zum Schinkel-Museum in der Friedrichwerderschen Kirche.

86

Altes Museum

Lustgarten
Das Alte Museum, das erste auf der Insel, wurde von Schinkel entworfen und nimmt wechselnde Ausstellungen auf. Vor der imposanten Fassade ruht eine polierte Granitkugel, die ihren Platz auf der Spitze des Gebäudes hätte haben sollen. Das Neue Museum hinter dem Alten ist im Umbau begriffen und wird erst in ein paar Jahren wieder öffnen.

Bode-Museum

Eingang: Monbijoubrücke
Das neobarocke Museum an der Spitze der Museumsinsel besitzt Sammlungen ägyptischer, frühchristlicher, byzantinischer, aber auch europäischer Kunst. Die **ägyptische Sammlung** zeigt unter anderem einen unvollendeten braunen Sandsteinkopf einer Königin, wahrscheinlich Nofretete, aus dem 14. Jh. v.Chr. Der heitere Gesichtsausdruck unterscheidet sich von der kühlen Schönheit der bemalten Büste im Charlottenburger Museum.

Beachten Sie in der Abteilung mit frühchristlichen und byzantinischen Stücken das **Ravenna-Mosaik** (6. Jh.) aus der Kirche San Michele. Es zeigt Jesus einmal als jungen Lehrer und später mit Bart am Tag des Jüngsten Gerichts.

Zu den Höhepunkten der **Skulpturenabteilung** gehören Arbeiten von Luca und Giovanni della Robbia, Tilman Riemenschneider und Andreas Schlüter. Die Abteilung **europäischer Malerei** im Bode-Museum enthält wichtige Werke von Lucas Cranach, Adam Elsheimer, Jan van Goyen, Jakob van Ruisdael, Abraham Bloemaert und Nicolas Poussin. Gönnen Sie sich schließlich auch eine Ruhepause im Café unter dem Dom.

Nationalgalerie

Bodestraße 1
Obgleich Hitlers Kampf gegen die »entartete Kunst« und die Verwüstungen des Krieges die Bestände der Nationalgalerie stark dezimierten, beherbergt sie eine Reihe interessanter **deutscher Werke** aus dem 19.

und 20. Jh.: Blechen, Waldmüller, Slevogt und Liebermann (*Flachsscheuer in Laren* und Porträts von Wilhelm von Bode und Richard Strauss). Adolph von Menzels *Eisenwalzwerk* (1875) ist ein beeindruckendes Porträt industrieller Arbeit. Oskar Kokoschkas *Pariser Platz* (1926) vergegenwärtigt das Treiben rund um das Brandenburger Tor in den turbulenten Zwanziger Jahren. Die expressionistischen Maler der *Brücke* sind mit Arbeiten von Ernst Ludwig Kirchner, Emil Nolde, Karl Schmidt-Rottluff und Erich Heckel vertreten. Gemälde von Otto Dix und Grosz sind als Maler der Neuen Sachlichkeit vertreten. Zur kleinen Sammlung europäischer Malerei gehören Goya, Courbet, Degas und Cézanne. Bei den **Skulpturen** beeindrucken die Arbeiten von Rodin und Käthe Kollwitz.

Pergamon-Museum

Kupfergraben
Das Pergamon-Museum mit seiner Antikensammlung, vorderasiatischer, islamischer und **87**

ostasiatischer Kunst hat seinen Namen von seinem berühmtesten Stück, dem riesigen **Pergamon-Altar** (2. Jh. v.Chr.) Dieses Meisterwerk hellenistischer Kunst kommt aus dem heutigen Bergama an der Westküste der Türkei. In seiner rekonstruierten Form füllt der mit einem Säulengang versehene Altar – er war Zeus und Athene geweiht – eine Halle des Museums. Ein über 2 m hoher Fries am Fuß des Altars zeigt den qualvollen Kampf der griechischen Götter mit den Giganten.

Nicht weniger beeindruckend ist die unter König Nebu-

kadnezar II. errichtete **babylonische Prozessionsstraße** (604-562 v.Chr.). Den blau und ocker gekachelten Wänden der Kultstraße folgen Löwenreliefs bis zum Ischtar-Tor. Ebenfalls mit blauen und ockerfarbenen Schmelzziegeln besetzt, zeigt es Stier- und Drachendarstellungen.

Ein dritter großer Schatz des Pergamon-Museums ist das **Markttor von Milet** (165 v. Chr.). In dem zweistöckigen, mit Giebeln verzierten Bau hatten auch kleine Läden Platz.

Das **Islamische Museum** im Südflügel des Pergamon-Museums ist stolzer Bewahrer

Im Bode-Museum an den Ufern der Spree sind viele europäische Meisterwerke zu bewundern.

des **Wüstenpalastes Mshatta** (8. Jh.) aus dem heutigen Jordanien mit filigranartig feinen, durch Aushöhlung des Grundes hervortretenden Pflanzen- und Tierdarstellungen. Ein deutscher Kunsthistoriker rettete dieses Wunderwerk frühislamischer dekorativer Kunst zu Beginn des 20. Jh., indem er den türkischen Sultan davon

abbrachte, es als Baumaterial für eine Eisenbahn nach Mekka zu verwenden. Bemerkenswert sind auch die **indischen Miniaturen** aus der Zeit der Moghul-Kaiser.

NIKOLAIVIERTEL

Dieses Viertel wurde quasi als Erweiterung des Märkischen Museums wieder aufgebaut und hergerichtet, um ein Bild des deutschen Stadtlebens vom Mittelalter bis zum 19. Jh. zu vermitteln.

Märkisches Museum

Am Köllnischen Park 5
Das nahe der Inselbrücke am Südufer der Spree gelegene Museum, das seinen Namen von der Berlin umgebenden Mark Brandenburg ableitet, bietet eine hübsche Sammlung von Berlinensien: die ersten Fahrräder, Nähmaschinen, Telefone (und das Telefonbuch von 1881 mit allen 41 Teilnehmern), die Küche einer Arbeiterfamilie aus dem 19. Jh. und das Modell einer der berüchtigten Mietskasernen, deren **89**

ungesunde Enge nicht unwesentlich zur Unruhe vor der 1848er Revolution beitrug. Eine Abteilung ist Berlins glanzvoller Theatergeschichte gewidmet; illustriert werden unter anderem die Produktionen Max Reinhardts und die Werke Bertolt Brechts.

In dieser babylonischen Prachtstraße im Pergamonmuseum wandelten einst Könige und Priester.

Nikolaikirche

Nikolaikirchplatz
In dieser ältesten Kirche Berlins erhält man einen Überblick über die Geschichte der Städte Berlin und Cölln vom 13. bis 17. Jh. und einen Eindruck von der religiösen Bildhauerei der Gotik, Renaissance und des Barock.

Otto-Nagel-Haus

Märkisches Ufer 16-18
In dieser Einrichtung der Nationalgalerie werden die Werke radikaler Künstler und Photographen von der November-Revolution bis heute gezeigt.

Schinkel-Museum

Werderscher Markt, in der Friedrichwerderschen Kirche
Skulpturen des Klassizismus, Schinkels Wirken in Berlin und Statuen von Schinkel und Schadow in einer von dem großen Architekten entworfenen Backsteinkirche.

WEITERE WICHTIGE MUSEEN

Brecht-Weigel-Haus

Chausseestraße 125

Hier verbrachte Brecht die drei letzten Jahre seines Lebens. Im kleinen Museum sind allerlei Memorabilien zum Leben des Dramatikers zu sehen. Er liegt im nahegelegenen Dorotheenstädtischen Friedhof neben seiner Ehefrau Helene Weigel begraben.

Bröhan-Museum

Schloßstraße 1a

Dieses ruhige Museum beim Schloß Charlottenburg kann neben schönem Porzellan und Silberbesteck auch mit Art-Déco- und Art-Nouveau-Gemälden aufwarten.

Käthe-Kollwitz-Museum

Fasanenstraße 24

In einer eleganten Villa am Ku'damm befindet sich dieses persönliche Museum, das Entwürfe und Skulpturen der Berliner Künstlerin darbietet.

POTSDAM

Berlin selbst hat so vieles zu bieten, daß man sich nicht unbedingt veranlaßt fühlt, sich vor die »Stadttore« zu begeben. Wenn es Ihre Zeit erlaubt, sollten Sie einen Besuch in die elegante Barockstadt Potsdam auf keinen Fall auslassen. Besuchen Sie den Park und das Schloß Sanssouci oder bummeln Sie durch das in seiner Architektur aus dem 18. Jh. schön wiederhergestellte Zentrum der Stadt selbst.

Potsdam liegt 30 km südwestlich von Berlin und ist mit den öffentlichen Verkehrsmitteln bequem zu erreichen. Am leichtesten geht es mit der S-Bahn (Linie S3) vom Bahnhof Zoo. Sie können aber auch vom S-Bahnhof Wannsee mit dem Bus oder Dampfer nach Potsdam fahren. Planen Sie einen vollen Tag ein.

Park Sanssouci

Die Hauptattraktion Potsdams sind natürlich die Sommerresidenzen und der Park Sanssouci. Über den ganzen Park **91** verteilt liegen reizende Schlößchen, Pavillons, Brunnen und Tempel. (Viele Gebäude werden derzeit renoviert, es ist daher ratsam, sich bei der Touristeninformation zu erkundigen, ob die Öffnungszeiten direkt von den Arbeiten betroffen sind.)

Das erste der Schlösser ist **Schloß Sanssouci**. Es wurde für Friedrich den Großen von Georg von Knobelsdorff entworfen. Friedrich wünschte sich einen Palast, in dem er die Staatsgeschäfte vergessen und seiner großen Leidenschaft für Philosophie und die Künste ohne Sorge (*sans souci*) nachgehen konnte. Das Ergebnis war ein graziöser, einstökkiger Rokokobau mit Blick auf die Havel, der sich vollkommen in seine Umgebung einfügt. Der schönste Weg nach Sanssouci führt vom Luisenplatz die Allee entlang; blicken Sie an der Kurve nach rechts auf die wunderschönen Terrassengärten, die zum Schloß heraufführen.

Gehen Sie um das Schloß herum, bis Sie auf einen großen Hof kommen, der von halbrunden Kolonnaden umstellt ist. Die »römischen Ruinen« auf dem gegenüberliegenden Abhang wurden auch von Knobelsdorff entworfen. Der Rundgang und die Besichtigung durch das Schloß ist nur in einer Führung möglich; kommen Sie so früh es geht, denn es bilden sich schnell lange Warteschlangen.

Auf dem Rundgang sehen Sie Friedrichs prächtigen **Konzertsaal**, dessen Wände und Decke mit feiner Goldfiligranarbeit bedeckt sind. Der **Marmorsaal** mit seinen exquisiten Säulen aus Carrara-Marmor und den Stuckfiguren bildet den Mittelpunkt des Gebäudes. In einem der Gästezimmer, dem gelben **Voltaire-Zimmer** mit seinen bizarren Rokoko-Dekorationen, darunter Holzpapageien, soll der französische Philosoph zwischen 1750 und 1753 gewohnt haben.

Die **Bildergalerie** wurde für die ausgiebige Gemäldesammlung Friedrich des Großen angelegt. Heute sind hier Werke von Caravaggio, Rubens und anderer italienischer und holländischer Meister ausgestellt.

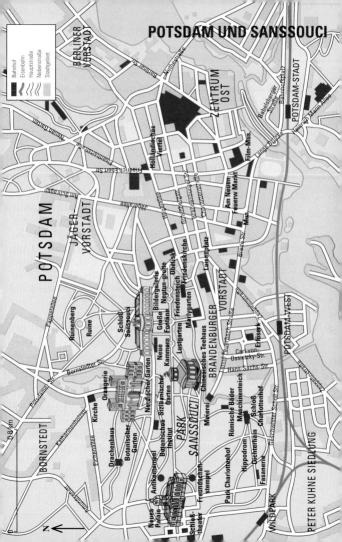

Südwestlich des Schlosses führt ein Weg durch die Haine zum **Chinesischen Teehaus**, einem grüngoldenen Pavillon mit Palmstämmen als Säulen und einem Dach im Pagodenstil. Auf dem Dach thront unter einem Sonnenschirm ein vergoldeter Mandarin, während der Fuß des Gebäudes von Statuen gesäumt ist. Eine schöne Sammlung chinesischen Geschirrs ist im Innern zu bewundern.

Gehen Sie den Hauptweg entlang, und Sie kommen zu einem riesigen Gebäude aus rotem Back- und weißem Sandstein. Das 213 m lange **Neue Palais** ist das größte aller Bauten in Sanssouci. Von Friedrich dem Großen zwischen 1763 und 1769 unter großem Kostenaufwand errichtet, sollte es hauptsächlich als Gästehaus dienen. Die Apartments können nur in einer Führung (von etwa 1 Stunde) besichtigt werden. Diese Führungen sind sehr beliebt, stellen Sie sich daher auf Wartezeiten ein. Angenehm wartet es sich im **Schloßcafé** rechts vom **94** Schloßeingang.

Im Schloß selbst ist es ausgesprochen kühl, bringen Sie – auch wenn es draußen sehr heiß ist – Pullover oder Jacke mit. Es werden Ihnen wunderschöne Salons und Ballsäle gezeigt, achten Sie aber besonders auf die riesige, mit Perlmutter und Muscheln bestückte Grotte.

Weitere Sehenswürdigkeiten sind u.a. die **Römischen Bäder** von Schinkel und das **Schloß Charlottenhof**. Davon in nördlicher Richtung befindet sich die riesige **Orangerie**. Im Drachenhaus, nordwestlich des Parks, gibt es Erfrischungen für den Besucher.

Neben dem See nördlich des Stadtzentrums liegt der Neue Garten, ein schöner englischer Landschaftspark, der 1824 von Peter Joseph Lenné angelegt wurde. Er bietet eine vollkommene Kulisse für das efeuumrankte **Schloß Cecilienhof**, das mehr einem englischen Landsitz als einem deutschen Schloß ähnelt.

Es wurde im Jahre 1916 für Kronprinz Wilhelm und seine Gemahlin Cecilie gebaut. Hier kamen im Juli 1945 Winston

Churchill (und nach ihm Clement Attlee), Joseph Stalin und Harry Trumamn zusammen, um das Potsdamer Abkommen auszuarbeiten, das die 45jährige Teilung Deutschlands einleitete.

Ein Flügel des Schlosses wurde zu einem exklusiven Hotel und Restaurant umgefunktioniert.

Babelsberg

Die kleine Vorstadt Babelsberg östlich von Potsdam war einmal das Zentrum der deutschen Filmindustrie, das besonders in den goldenen zwanziger Jahren Hollywood ernsthaft Konkurrenz gemacht hatte. Hier wurden Klassiker wie Fritz Langs *Metropolis* gedreht. Heute ist Babelsberg Studio und Abenteuerpark. Das DEFA-Studio Babelsberg

veranstaltet Führungen, auf denen der Besucher einen Blick hinter die Kulissen werfen und sich Vintage-Cars und Stunt-Shows ansehen kann. Außerdem gibt es einen Dokumentarfilm über die Geschichte des Studios.

Am Rande von Babelsberg südlich der Havel führt die Albert-Einstein-Straße auf den Telegrafenberg zum Einsteinturm, der im Jahre 1921 als astrophysikalisches Observatorium von Erich Mendelsohn gebaut wurde.

Einstein wohnte hier einer denkwürdigen technischen Demonstration seiner Realivitätstheorie bei. In Ermangelung einer Statue für den berühmten Physiker ließen sich die Mitarbeiter etwas Scherzhaftes einfallen: sie legten einen schlichten kleinen Stein in die Eingangshalle – *ein Stein...*

So lacht Berlin

Keuchend läuft ein Reisender in den Bahnhof Zoo. »Erwisch ick den Zuch nach Köln noch?« ruft er dem Bahnbeamten zu. »Kommt drauf an, wie schnell Se loofen können, abjefahr'n isser vor drei Minuten.«

Was unternehmen wir heute?

Abend für Abend bietet sich in der temperamentvollen Spreemetropole eine Fülle von Unterhaltungsmöglichkeiten.

Auch in den schweren Zeiten des Kalten Krieges blieb Berlin immer die Hauptstadt der darstellenden Künste, der luxuriösen Geschäfte, der eleganten Boutiquen sowie der bunten Flohmärkte. Aber auch der Sport wird in Berlin großgeschrieben.

Unterhaltung

In Berlin kommt jeder auf seine Kosten! Die Berliner selbst sind die eifrigsten Konzert- und Theatergänger Europas, so daß man, wenn man gute Karten für eine beliebte Veranstaltung bekommen will, sich rechtzeitig darum bemühen sollte. Erkundigen Sie sich in Ihrem Reisebüro nach Musik- und Theaterprogram-

men, und buchen Sie möglichst schon vor Reiseantritt. Gute Hotels werden Ihnen allerdings auch vor Ort kurzfristig ein paar Karten besorgen – gegen einen kleinen Zuschlag, versteht sich. In der Wochenzeitung *Die Zeit* können Sie nachlesen, welche Theaterstücke, Konzerte und Kunstausstellungen gerade stattfinden. Neben dem kostenlosen Quartalsprogramm der Berliner Touristeninformation (früher Fremdenverkehrsamt) gibt es in Berlin auch zwei halbmonatlich erscheinende City-Magazine, *tip* und *zitty*, sowie das monatlich erscheinende *Berlin Programm* mit Veranstaltungskalender, nützlichen Tips und Telefonnummern.

Musik

Sinfonische Musik steht im Mittelpunkt des künstlerischen Lebens der Stadt. In Berlin sind drei der besten Orchester der Welt zu Hause. Die Berliner Philharmoniker erlangten ihren Ruhm nach dem Krieg unter Leitung von Herbert von Karajan. Die Heimat dieses

Orchesters ist die einzigartige Philharmonie, in der die Zuhörer das Orchester umringen. Das Radio-Sinfonie-Orchester genießt ebenfalls internationales Ansehen. Den Konzerten des Berliner Sinfonie-Orchesters lauscht man im Apollo-Saal der Deutschen Staatsoper Unter den Linden und in Schinkels prächtig restauriertem Schauspielhaus am Gendarmenmarkt.

Kammermusik-Konzerte sowie Liederabende werden im Kammermusiksaal der Philharmonie, im Ephraim-Palais (Nikolaiviertel), in der Akade-

J eder musikalische Geschmack – von Jazz über klassische Musik bis Operette – findet seinen Ausdruck in Berlin.

mie der Künste (Hansaviertel) und in der Hochschule der Künste (Hardenbergstraße 33) veranstaltet.

Schloß Charlottenburg bietet im Sommer einen herrlichen Rahmen für **Musikfestivals**, während Oratorien und Kantaten hauptsächlich in den Kirchen der Stadt aufgeführt **97** werden, vor allem in der Kaiser-Wilhelm-Gedächtniskirche (Hansaviertel) und der Kaiser-Friedrich-Gedächtniskirche.

Opernfreunde besuchen die Deutsche Oper (Bismarckstraße), Deutsche Staatsoper (Unter den Linden) und Komische Oper (Behrenstraße).

Jazz und **Rock** hört man nicht nur in den großen Hallen wie der Philharmonie, der Deutschlandhalle, der Eissporthalle, im Friedrichstadtpalast oder im Metropol-Musikpalast, sondern auch in zahllosen kleinen Musikkneipen und Cafés, wo zu Bier, Wein und Kaffee Live-Musik geboten wird.

Theater

Auch das **Theater** hat in Berlin eine ungebrochene Tradition. Kenner halten die Stadt in dieser Hinsicht sogar für einen der aufregendsten und innovativsten Orte der Welt. Stets hat man die Wahl zwischen einer Reihe klassischer und moderner Stücke.

Das kühnste und vielseitigste Theater der Stadt ist zweifellos die **Schaubühne** am Lehninerplatz (Kurfürstendamm). Mit kompromißlosen Inszenierungen von modernen Stücken und experimentellem Theater hat sie internationale Anerkennung gefunden.

Doch die Schaubühne ist nur die Vorhut einer Vielzahl **freier Gruppen**, die oft kometenhaft am Theaterhimmel aufleuchten und schnell wieder verblassen. Um sich von vornherein von den »kommerziellen Theatern« abzuheben, tragen sie so verheißungsvolle Namen wie Theatermanufaktur (Hallesches Ufer 32) oder auch Atelier Internationale Kunst (Dahlmannstraße 11).

Für den konventionelleren Geschmack gibt es die **Komödien-**, **Musical-** und **Operettenhäuser** wie das fabelhafte Theater am Kurfürstendamm (Nr. 209), die Komödie (Nr. 206), das Renaissance-Theater (Hardenbergstraße 6) und das sehr populäre Theater des Westens (Kantstraße 12).

Der Beitrag der östlichen Stadthälfte ist vor allem Bert Brecht zu verdanken, dem Gründer des weltberühmten

Veranstaltungskalender

Aktuellste Angaben zu Berlins Kunst- und Festszene vermittelt Ihnen das Fremdenverkehrsamt, das Monatsmagazin *Berlin Programm* oder die lokalen Zeitungen. Die folgende Liste gibt einen Überblick über die wichtigsten Ereignisse.

JANUAR: *Berliner Musiktage.* Ein dreiwöchiges Festival zeitgenössischer Musik.

FEBRUAR: *Internationale Filmfestspiele Berlin.* Das Film-Festival Ende Februar wetteifert mit Cannes und Venedig.

APRIL: *Freie Berliner Kunstausstellung (FBK)* mit den bekanntesten Berliner Malern.

MAI: *Theatertreffen.* Eine Auswahl von Produktionen aus Deutschland, Österreich und der Schweiz.

JUNI: Vier Wochen lang Jazz in den Gärten der Neuen Nationalgalerie.

JULI/AUGUST: *Sommer-Musikfestival.* Folk-, Rock- und Jazz-Musik; die Philharmonie spielt in der Waldbühne unter freiem Himmel; *Berliner Bachtage* zu Ehren des Meisters und anderer Barock-Komponisten.

SEPTEMBER/OKTOBER: *Berliner Festwochen.* Großes internationales Festival mit Oper, Theater, Musik und Ausstellungen.

OKTOBER/NOVEMBER: *Jazz-Fest Berlin* mit allen Stilrichtungen.

DEZEMBER: *Weihnachtsmarkt.* Am Breitscheidplatz und in der ganzen Stadt.

Berliner Ensembles (Bertolt-Brecht-Platz). Seine Stücke stehen oft auf dem Spielplan, aber es werden auch andere moderne Klassiker aufgeführt. **Zeitnahe Stücke** gibt es im Maxim-Gorki-Theater (Am Festungsgraben 2), **Klassiker** im Deutschen Theater (Schumannstraße 13a), wo einst der große Max Reinhardt wirkte. Im Metropol-Theater (Friedrichstraße 101-2) gibt es leichte Unterhaltung, im Friedrichstadt-Palast (Friedrichstraße 107) **Varieté-Theater**. **99**

Vorhang zu

Im September 1993 wurden die Staatlichen Schauspielbühnen Schiller-Theater, Schiller-Theater-Werk- statt und Schloßpark-Theater) aufgrund eines Senatsbeschlusses »im Zuge notwendiger Sparmaßnahmen« geschlossen.

In den Nachkriegsjahren und vor allen nach dem Bau der Mauer fanden hier die wichtigsten Aufführungen Westberlins statt. In diesem Herbst wäre das Schiller-Theater 100 Jahre alt geworden...

Eine lange Tradition hat in Berlin auch das **satirische Kabarett**, dessen Glanzzeit in den zwanziger Jahren lag. Seither haben die politischen und sozialen Turbulenzen immer für genügend Stoff gesorgt, und daran dürfte sich auch mit der Wiedervereinigung nichts ändern. Zu den Überlebenden gehören die etablierten, aber immer noch stacheligen »Stachelschweine« (Europa Center), die »Wühlmäuse« (Nürnberger Straße 33) und die »Distel« im ehemaligen Ost-Berlin (Friedrichstraße 101).

Unter den **Nachtklubs** gibt es so ziemlich alles – von der Diskothek über kitschige Cancan-Vorführungen bis zu Transvestiten-Shows, die meist eher witzig als geschmacklos sind und mit ihren Marlene-Dietrich- oder Zarah-Leander Parodien eine amüsante Verbindung zu den »unnachahmlichen« Diseusen der Berliner Vergangenheit schaffen.

Auch mit **Kinos** ist Berlin reich bestückt, wie es sich für eine Stadt gehört, die Ende Februar ein Internationales Filmfestival veranstaltet. Gezeigt wird so ziemlich alles vom Hollywood-Kassenschlager bis zu obskuren Avantgarde-Filmen. Die fremdsprachigen Filme sind entweder synchronisiert oder mit Untertiteln.

Auf Glücksspieler, die auch ohne den Glitzer von Monte Carlo auskommen, warten Roulette, Black Jack und Bakkarat in der sehr modernen **Spielbank** im Europa-Center und in manchen der großen Hotels im Ostteil.

Sport

Dank der vielen Seen und Flüsse mangelt es in Berlin nicht an Gelegenheiten zum **Baden**. Es gibt an die 20 Strände, davon die meisten mit feinem Sand wie am Mittelmeer. In Fortsetzung einer alten preußischen Tradition sind viele für Nacktbader reserviert. Die beliebtesten FKK-Strände sind Bullenwinkel am Grunewaldsee und das Strandbad Halensee am Teufelssee. Wenn Sie lieber die Badehose anbehalten, sind die Strände am Wannsee, der Glienicker See, die Havel, der nicht so stark besuchte Große Müggelsee im Ostteil und der Templiner See bei Potsdam das Richtige (Warnung: Der Tegeler See ist stark verschmutzt, so schön er auch aussieht).

Berlin hat zahlreiche **Frei-** und **Hallenbäder**. Einen besonderen Freizeitspaß erleben Sie unter den Dächern vom riesigen Berliner Luft- und Badeparadies (»Blub«) in der Buschkrugallee 64 (Neukölln). Dort gibt es Schwimmbecken für Wellen- und Surf-Freunde, Rutschen, einen Wasserfall, Solarien, einen »Saunagarten« und Restaurants.

An Berlins Seen können Sie fast allen **Wassersportarten** nachgehen: Segeln, Wasserski, Kanusport, Rudern und Wind-

Am Berliner Wannsee nimmt das Wassersport-Vergnügen kein Ende.

101

surfen. An vielen Stellen werden Boote und Surfbretter vermietet. Beim **Angeln** an der Havel, am Müggelsee oder am Glienicker See können Sie sich ein leckeres Abendessen in Form von Renke, Zander, Hecht oder Aal sichern. Die dafür benötigte Angelkarte und Informationen über den Bootsverleih erhalten Sie beim Berliner Fremdenverkehrsamt.

Die schönsten Pfade zum **Reiten** gibt es im Grunewald. Ein Pferd können Sie bei Onkel Toms Hütte in Zehlendorf mieten, und Ponyreiten für Kinder gibt es in Wittenau und Marienfelde.

Wer **Golf** spielen möchte, kann das im Wannsee-Golfclub am Stölpchenweg tun, wenn er (etwa durch die Mitgliedschaft in einem anderen Club) den Eindruck erweckt, daß er nicht gerade den Rasen pflügen wird.

Tennisplätze sind reichlich vorhanden, für Besucher günstig gelegen in der Paulsborner Straße (beim Kudamm) und in der Angerburger Allee (Nähe Heerstraße). Auch **Squash** ist stark vertreten.

Daß Sie in Berlin am Teufelsberg **Drachenfliegen** können, hätten Sie vielleicht nicht erwartet. Dort gibt es im Winter auch **Skipisten** und **Rodelbahnen**.

Eisläufer ziehen im Winter in der Wilmersdorfer Fritz-Wildungs-Straße 9 ihre Kreise. Im Sommer kann man hier Rollschuhlaufen.

Im Tiergarten machen sich Rollschuhläufer und Jogger Konkurrenz. Mit der offenbar angeborenen Agressivität der Berliner **Radfahrer** wird man am besten fertig, wenn man sich selbst ein Fahrrad mietet man (Fahrradbüro Berlin, Hauptstraße 146).

Zuschauersport

Nummer eins im Sport ist selbstverständlich der **Fußball**. Die Bundesligaspiele werden im Olympia-Stadion und im Friedrich-Ludwig-Jahn-Sportpark ausgetragen.

Beim **Eishockey** kann man in der Eissporthalle zuschauen, **Ruderregatten** finden auf dem Hohenzollernkanal statt. Internationale **Tennisturniere** hält der LTTC Rot-Weiß ab. **Trabrennen** bekommt man in Karlshorst (Treskowallee 129) oder in Mariendorf (Mariendorfer Damm 222) zu sehen, während sich die Freunde von Sechstagerennen und anderen **Radsportveranstaltungen** in der Deutschlandhalle treffen. Der im Herbst stattfindende **Berliner Marathon** ist auch beliebt; das Ziel ist bei der Kaiser-Wilhelm-Gedächtniskirche am Breitscheidplatz.

die geplanten neuen Boutiquen und Einkaufszentren an der Friedrichstraße und anderswo im Osten zu einer ernsthaften Konkurrenz werden.

Modische Boutiquen und große Kaufhäuser sind an beiden Seiten des Ku'damms aneinandergereiht. Das KaDeWe (Kaufhaus des Westens) am Wittenbergplatz, eine Berliner Institution, steht in der nahegelegenen Tauentzienstraße, der

Einkaufsbummel

Die Rolle des ehemaligen West-Berlins als Schaufenster westlicher Konsum- und Lebensart ist durch den Fall der Mauer nicht beendet, sondern eher noch verstärkt worden. Am stärksten konzentriert sich die Einkaufslust am Kurfürstendamm und es wird wohl noch einige Zeit dauern, bis

Eine Beobachtung wert ist die Wärmeuhr vor dem Europa-Center.

Verlängerung des Kurfürstendamms. Auch im Europa-Center bei der Gedächtniskirche gibt es unter einem Dach noch einmal eine ganze Reihe von Läden und Boutiquen. Ladenpassagen findet man im Ku'damm-Karree (Ecke Uhlandstraße) und im Ku'damm-Eck (dem Café Kranzler gegenüber), in der Fasanen-Uhland-Passage (an der Fasanenstraße). Nördlich und südlich vom Kurfürstendamm befinden sich viele elegante Einkaufsstraßen. Die meisten Geschäfte sind von 9 bis 18.30 Uhr geöffnet; donnerstags oft bis 20.30 Uhr. Am Samstag schließen sie um 14 Uhr, außer am 1. Samstag des Monats.

*B*erlins farbenfrohe Antiquitätenmärkte sind zum Herumstöbern gut geeignet!

EMPFEHLENSWERT

Antiquitäten

Heutzutage machen die Antiquitätenhändler fast nur noch untereinander Geschäfte. Vorsicht bei Barock- oder Rokoko-Möbeln und Porzellan zu scheinbar günstigen Preisen – es handelt sich meist um Imitationen. Kaufinteressenten sollten sich lieber nach Gegenständen aus dem 19. und frühen 20. Jh. umsehen. Flanieren Sie auch in den Seitenstraßen des Kurfürstendamms, besonders in der Bleibtreustraße und der Mommsenstraße.

Bücher

Leseratten finden in den Läden am Savignyplatz zahllose Werke über Kunst und Design, Architektur, Mode und Film. An der Schlüter- und Knesebeckstraße sind viele Antiquariate, wo man so manches »unfindbare« Buch doch noch aufstöbern kann.

Delikatessen

Ob für ein Picknick, als Mitbringsel oder nur zum Staunen: Ein Besuch bei den 500 Brotsorten, den 1000 verschiedenen Wurstarten, 1500 Käsesorten, exotischen Teedüften, orientalischen Leckerbissen und Beluga Kaviar im sechsten Stock des KaDeWe ist ein kulinarisches Erlebnis.

Flohmärkte

Ausgefallenes und Unmögliches finden Sie etwa am Berliner Antik- und Flohmarkt in den reizend renovierten S-Bahn-Bogengängen unter dem Bahnhof Friedrichstraße (täglich außer dienstags) oder im Zille Hof in der Fasanenstraße (Montag bis Samstag). Schallplatten, Kleider und allerlei »Kunst« bietet der Wochenend-Flohmarkt an der Straße des 17. Juni; am Pariser Platz vor dem Brandenburger Tor können Sie Andenken an den Kalten Krieg erstehen.

Die türkische Kolonie der Stadt hat sich am Maybachufer des Landwehrkanals einen eigenen Basar geschaffen, den **Türkischen Wochenmarkt**. Dort können Sie jeden Dienstag- und Freitagnachmittag exotische Lebensmittel, Gewürze und auch türkische Gebrauchsgegenstände erwerben.

Küchengeräte

Haushalts- und Küchengeräte in bestem Bauhaus-Stil finden Sie in den exklusiven Läden am Kurfürstendamm und am Savignyplatz.

Musik, Video und Foto

In der Heimat von Bach und Beethoven dürfen Schallplatten und CDs natürlich nicht fehlen. Eine gute Adresse ist **105**

FNAC an der Meinekestraße 23, wo es auch Video-Kassetten und Fotoapparate gibt.

Porzellan

Die Staatliche Porzellanmanufaktur, Nachfolgerin der KPM Friedrichs des Großen, hat Verkaufsräume in der Wegelystraße 1 und am Kurfürstendamm 26a. Beliebt sind Namen wie Meißen, Nymphenburg und Frankenthal.

Spielzeug

Eine Berliner Spezialität sind Zinnsoldaten und Modelleisenbahnen. Für den anspruchsvollen Nachwuchs gibt es Bauklötze im Bauhaus-Stil; man bekommt sie in den Läden der Museen für moderne Kunst. Für die angehende Dame gibt es handgemachte Puppen in traditionellen Kostümen.

Souvenirjagd im Museum

Die Museumsläden sind oft ein guter Ort, um Poster, Lithographien und hochwertige Reproduktionen zu erstehen. Im Ägyptischen, Antiken- und Pergamon-Museum werden ausgezeichnete Kopien griechischer Vasen und antiker Skulpturen aus Bronze, Gips oder Kunstharz angeboten. Auch beim Kauf kunsthandwerklicher Erzeugnisse – Stoffe, Töpferwaren, Zinngeschirr, Zierkerzen, Holzschnitzereien – bieten Museen eine gewisse Gewähr für Qualität.

Souvenirs und Kitsch

Neben den lustigen bis geschmacklosen Andenken bieten manche Läden *Pickelhauben* aus Kaisers Zeiten. Seit November 1989 gesellen sich dazu Uniformen und Insignien der Volksarmee und der Roten Armee. Wehrmachtshelme aus dem Zweiten Weltkrieg tauchen von Zeit zu Zeit lackiert als Nachttöpfe auf.

Wer ein Andenken an die Mauer sucht, sei gewarnt: Es sind so viele Stücke mit »Echtheitszertifikat« im Umlauf, daß man damit mühelos auch München, Hamburg, Frankfurt und Stuttgart teilen könnte.

Essen und Trinken

Das kulinarische Berlin existiert schon seit der Jahrhundertwende, als es auf jeder zweiten Ecke eine Kneipe oder ein Restaurant gab. Gaumenfreuden sind für den Berliner eine wichtige Sache – die lebhafte Atmosphäre in den Cafés und Restaurants rund um den Ku'damm und auch an vielen anderen Stellen in der Stadt beweisen es.

Die alte Metropole zeigt sich auch auf kulinarischem Sektor von der schillernden Seite: Bei so vielen Ausländern wundert es natürlich keinen, daß immer mehr Restaurants die Spezialitäten des Balkans und der Mittelmeerländer anbieten. Manche der italienischen Restaurants zählen zu den besten außerhalb Italiens! Es wetteifern Türken und Griechen mit Indern, Koreanern und Franzosen.

Und selbst die *neue deutsche Küche* steht neben deftiger Hausmannskost und schwäbischer Küche auf dem Speiseplan.

WANN...

In Berlin können Sie zu jeder Tages- und Nachtzeit etwas essen – eine Sperrstunde gibt es so gut wie garnicht.

In den Hotels wird das oft sehr reichliche *Frühstück* oder *Frühstücksbuffet* schon ab 6 Uhr bis 11 Uhr serviert, während die Kaffeehäuser Frühstück von 9 oder 10 bis 18 Uhr anbieten. Die Berliner lassen sich in der Mittagszeit eher zu einem *Imbiss* oder Snack verlocken als zu einem großen *Mittagessen* im Restaurant. Abends füllen sich die Lokale schnell, und es ist besser, einen Tisch zu reservieren.

WO...

Berlins gastronomisches Spektrum reicht vom eleganten Restaurant und der bürgerlichen Gaststätte über das schicke Bistro bis zur urigen Kneipe, wo man nicht nur trinken, sondern auch etwas Herzhaftes essen kann.

107

Beeinflußt durch Urlaubs-Eindrücke südländischer Lebensart laden immer mehr Gastwirte auch zum Sitzen im Freien ein, sofern das Wetter halbwegs mitspielt. Besonders viele solcher Etablissements findet man rund um den Savignyplatz und am Ku'damm, in der Potsdamer Straße und Unter den Linden.

Die *Konditorei* oder das Café sind eine Welt für sich. Hier kann man sich oft nicht nur mit Kaffee, Kuchen, Eis, Obstsäften und Wein versorgen, sondern auch mit den neuesten Nachrichten aus den aufgelegten Zeitungen, die den Gästen zur Verfügung stehen. Am Kurfürstendamm gibt es die Institution **Kranzler** (Nr. 18/19) und das Café **Möhring** (Nr. 213), in dem der Kuchen zur Walzermusik gereicht wird. Unter den Linden liegen die Cafés mit Tradition; auch das Publikum ist dort nicht

mehr ganz jung. In Kreuzberg am Paul-Lincke-Ufer empfiehlt sich bei schönem Wetter das **Café am Ufer** (Nr. 42/43) oder auch das **Café Übersee** (Nr. 44). Schöneberg besitzt das **Sidney** in der Winterfeldtstraße 40 oder auch das **Monte Video** in der Motzstraße 54.

In den Frühstückskneipen kann man zum Teil schon ab 3 Uhr morgens oder aber auch wesentlich später den Tag beginnen.

Hopfen-Freunde kommen im *Bräuhaus*, *Bierkeller* oder *Biergarten* zu ihrem Lieblingsgetränk. Zwei der beliebtesten Biergärten liegen in Dahlem: die **Luise** in der Königin-Luise-Straße 40 und **Alter Krug** unter Nr. 52.

Und beim Anblick der großen Auswahl in der *Feinschmeckeretage* des KaDeWe (6. Stock) ist selbst der anspruchsvollste Gourmet im siebten Himmel.

Café Kranzler – sehen und gesehen werden – das ist die Devise in dieser Berliner Institution.

... UND WAS MAN ISST

Suppen und Vorspeisen

Berlins kräftige Küche bietet zum Auftakt *Leberknödel-, Kartoffel-, Bohnen-* oder *Linsensuppe mit Speck* oder *Würstchen*. Als kalte Vorspeise eignen sich *Hackepeter* oder *Soleier* (die über Nacht in Sole mariniert und dann halbiert mit Salz, Pfeffer, Paprika, Essig und Öl gereicht werden). Dazu gibt's einen Klacks des beliebten *Berliner Mostrich*s (Senf).

Hauptgerichte

Aus der Havel kommt frischer Fisch. Probieren Sie *Havelaal grün mit Dillsauce* oder gebratenen *Havelzander mit Salzkartoffeln*. Eine Berliner Kuriosität, die man in alten Wohngegenden noch findet, sind Läden, in denen ein halbes Dutzend oder mehr verschiedene Kartoffelsorten verkauft werden. Wen wundert es da, daß *Kartoffelpuffer* zu den Lieblingsspeisen zählt.

Das Leibgericht der Berliner ist jedoch *Eisbein mit Sauer-* **109** *kraut und Erbsenpüree.* Das Sauerkraut wird mit Weißwein, Kümmel, Wacholderbeeren und Nelken zubereitet. Mostrich darf natürlich nicht fehlen. Gebraten und mit gedämpften Apfelscheiben und Zwiebelringen kommt *Leber auf Berliner Art* auf den Teller.

Berlinerisch sind auch – wer hätte das gedacht – *Kasseler Rippchen*, geräucherte Schweineripchen, die die kulinarische Welt keineswegs der Stadt Kassel, sondern dem Fleischermeister Cassel in der Potsdamer Straße verdankt. Berlin erhebt außerdem Anspruch auf die Erfindung zweier weltberühmter Würste: Die *Bockwurst* soll ihren Namen einem Berliner Metzgermeister verdanken, der eine Riesenwurst zwischen den Mäulern zweier Ziegenböcke aufhängte und damit den Verkauf stark ankurbelte. Und selbst die *Wiener Würstchen* sollen in Berlin ihren Ursprung haben.

Auch für Vegetarier wird immer besser gesorgt: viele

Eine Zitrone am Hof Friedrichs des Großen

Während seiner Zeit in Potsdam stellte Voltaire als Sekretär einen vielversprechenden jungen Mann ein: Gotthold Lessing, der später ein berühmter Vertreter der deutschen Aufklärung werden sollte.

Jeden Abend speiste der Philosoph zusammen mit anderen führenden Gelehrten, allesamt Franzosen, an der Tafel des Königs. Sein Verhältnis zu Friedrich war jedoch angespannt, da er sich weigerte, dessen politisches Testament zu verfassen.

Außerdem hatte er von einer Bemerkung des Königs zu einem Höfling gehört, in der er Voltaire mit einer Zitrone verglich, die man auszupressen und wieder loszuwerden gedenke. Am meisten bekümmerte ihn jedoch Friedrichs Knauserigkeit: Voltaire mußte seine Schokolade und Kerzen selbst bezahlen.

Lokale führen heute fleischlose Gerichte wie beispielsweise *Gemüsestrudel* oder *Ofenkartoffeln mit Kräuterquark*. Bei pflanzlich klingenden Namen ist auch mal Vorsicht geboten: die Kartoffel- oder Linsensuppe z.B. ist oft mit Wurst- oder Speck-Stückchen angereichert.

Kleine Gerichte

Also gut, die Berliner behaupten nicht, den *Hamburger* erfunden zu haben ..., weil sie ihre *Buletten* ohnehin vorziehen. Besagte Buletten – angenehme Entdeckung für Nachteulen – findet man oft noch nach Mitternacht an Ständen und Buden. Hier gibt es auch *Schaschlik* und vielleicht die beste der Würste – *Thüringer Rostbratwurst*. Übrigens, 1949 hat Herta Heuwer in ihrer Bratwurstbude am Stuttgarter Platz die *Currywurst* erfunden und ließ die Gewürzmischung vom Patentamt schützen.

Inzwischen gibt es natürlich auch viele ausländische Imbißstände mit herrlich gewürzten *Samosas* und den beliebten *Döner Kebaps*.

Nachtisch

Nicht zuletzt die Nachfrage von Berlins alten Damen sorgt für eine Riesenauswahl an Kuchen und Torten aller Art, am liebsten »mit« (Schlagsahne). Und nicht nur bei Kindern ist *Rote Grütze mit Vanillesauce* sehr beliebt.

UND WAS WIRD GETRUNKEN?

Wein und Bier

Friedrich der Große versuchte, in Potsdam seinen eigenen Wein zu keltern. Er muß schlimm gewesen sein. Der Volksmund berichtet, man habe ihn nur zu Dritt trinken können: Einer trank und zwei hielten ihn fest.

Seither beschränkt man sich in Berlin auf den Import deutscher und ausländischer Weine. Der oft mit Mineralwasser gemischte Weißwein hat die Bezeichnung *Schorle*.

Und für Biertrinker ist es ein besonderer Genuß, die ausgezeichneten Berliner Biere wie Warburger oder Schultheiss zu **111** probieren. Berühmt sind das *Bockbier* und die *Berliner Weiße*, ein schäumendes Faßbier, das durch einen Schuß Sirup grün oder rot gefärbt wird. Wer *Weiße mit Strippe* bestellt, meint einen Kümmel oder Allasch dazu. Ein herzhaftes, kühles Bier hat in Berlin übrigens den traulichen Namen *Molle*. Na dann: Prost!

Kneipen

Berlin ohne Kneipen – unvorstellbar! »Vier Ecken, fünf Kneipen« so heißt es.

Berlin hat mehr davon als jede andere europäische Stadt. Diese Mischung aus Kaffeehaus, Restaurant und Pinte ist sicher nirgendwo so beliebt wie in Berlin. Ob mit Live-Musik, Kabaretteilagen, deftiger Küche – sie zeigt sich immer von einer abwechslungsreichen und amüsanten Seite. In vielen Kneipen geht's erst so gegen 22 Uhr los. Von einer Sperrstunde kann höchstens noch zwischen 5 und 6 Uhr morgens die Rede sein. Nachtschwärmer leben in Berlin so richtig auf!

*B*erliner Kneipen – da gibt's für jeden Geschmack etwas – und sicher auch für Ihren!

Rund um den Kurfürstendamm, in der Sperlingsgasse, am Savignyplatz, in Schöneberg, Kreuzberg und Wilmersdorf sind die urigsten Kneipen zu finden.

Zur letzten Instanz in der Waisenstraße 14-16, Mitte, gilt als Berlins älteste Kneipe; die **Dicke Wirtin** in Charlottenburg in der Carmerstraße 9 sah schon die Weltverbesserer und Philosophen von 68', und im **Großbeerenkeller** in Kreuzberg in der Großbeerenstraße 90 treffen sich nicht nur die Kreuzberger. **Dralle's** in Charlottenburg in der Schlüterstraße 69 ist den ganzen Tag geöffnet, und das **Joe am Ku'damm** (Nr. 225-226) bietet Live-Musik und gute Stimmung bis zum frühen Morgen. Die kann man sich auch in den drei Eierschalen »geben«: **Eierschale Dahlem** in der Podbielskiallee 50 in

Zehlendorf, **Eierschale an der Kaiser-Wilhelm-Gedächtniskirche** in der Rankestraße1 und die **Eierschale Zenne**r in Alt Treptow 14. **Leydicke** in Schöneberg in der Mansteinstraße 4 serviert hauseigene Liköre und Schnäpse. In »Berlins beknacktester Kneipe«, dem **Klo** in Charlotten-burg in der Leibnizstraße 57 werden Schnäpse in Riesenauswahl und Bier vom Faß ausgeschenkt Und nicht zu vergessen, das **Hard Rock Café** in Charlottenburg in der Meinekestraße 21: Pop- und Rockmusik und amerikanische Hamburger zeichnen diese beliebte Kneipe aus. **113**

Das letzte Wort

Wie immer, wenn von Berlin die Rede ist, hat auch Theodor Fontane (1819-1898) einiges zu sagen. Außer seinen lebendigen Darstellungen des zeitgenössischen Berliner Bürgertums zeugen auch seine Gedichte von einer humorvollen Beobachtungsgabe.

Das Land Gosen

Oft hör ich, daß unsere gute Stadt,
augenscheinlich eine Verheißung hat.

Der Himmel, der uns so hegt und pflegt,
hat uns alles vor die Tür gelegt:

Im Grunewald Schwarzwild, Hirsch und Reh,
Spargel in Masse bei Halensee,

Dill, Morcheln und Teltower Rüben
Oderkrebse hüben und drüben,

auf dem hohen Barnim Fetthammelherden,
werden noch nächstens South-downer werden.

Königshorster Butter, in Spremberg Salz,
im Warthebruch Gerste, Graupen und Malz,

in Kienbaum Honig, im Havelland Milch,
in Luckenwalde Tuch und Drill'ch,

bei Werder Kirschen und Aprikosen
und bei Potsdam ganze Felder von Rosen,

nichts entlehnt und nichts geborgt,
für großes und kleines ist ringsum gesorgt!

114

BERLITZ-INFO

Praktische Hinweise von A bis Z

Der Leser wird bemerken, daß sich einzelne Stichwörter in diesem Kapitel vor allem an Besucher aus Österreich oder der Schweiz richten, denn die Alltagspraxis unterscheidet sich in Berlin nicht oder kaum von der in anderen Städten Deutschlands. Von außerhalb lautet die Telefon-Vorwahl für Berlin 030.

A

ALTERNATIVSZENE
Berlins zahlreiche Alternativbewegungen machen immer wieder lautstark von sich reden. Auskünfte über Veranstaltungen und Tätigkeiten dieser Gruppen erhalten Sie im Informationszentrum, Hardenbergstraße 20, 10623 Berlin; Tel. (030) 31 00 40.

Die meisten Gruppen kündigen ihre Versammlungen und Aktionsprogramme in der *Tageszeitung*, kurz »taz« genannt, und den Zeitschriften *tip, zitty* und *tempo* an.

ANREISE
Sie können Berlin mit dem eigenen Wagen, mit der Eisenbahn, mit einem Bus oder auf dem Luftweg ansteuern.

Mit dem Auto. Berlin ist über die vier ehemaligen Transitautobahnen an das Autobahnnetz im alten Bundesgebiet angeschlossen.

Mit der Bahn.
Durchgehende Züge mit Speise-, Liege- oder Schlafwagen verbinden Berlin mehrmals täglich mit allen Teilen der Bundesrepublik.

Seit der Wiedervereinigung können Sie entweder am Bahnhof Zoologischer Garten (kurz »Zoo« genannt) aussteigen oder ohne Umsteigen in den Ostteil weiterfahren und den Zug an der Station Friedrichstraße oder am Hauptbahnhof verlassen.

Bahnreisende sollten vor dem Kauf einer Fahrkarte unbedingt nach dem Sparpreis und dem noch günstigeren Super-Sparpreis fragen.

Mit dem Bus. Über 60 Linienbusse aus allen Teilen des alten Bundesgebiets steuern täglich den Zentralen Omnibusbahnhof am Messedamm in der Nähe des Funkturms, Tel. (030) 301 80 28, an. Auch zahlreiche Reiseveranstalter im In- und Ausland bieten fast ganzjährig Busfahrten nach Berlin an. Sind Ausflüge dort nicht inbegriffen, so kommt man auf das breitgefächerte Angebot Berliner Veranstalter zurück.

Mit dem Flugzeug. Von den meisten deutschen Flughäfen gibt es tägliche Direktflüge nach Berlin, ebenso von Zürich (und Genf). Wer von Wien kommt, steigt am besten in Frankfurt um. Erkundigen Sie sich nach Vergünstigungen, z.B. dem PEX-Tarif ab Zürich oder dem Sparpreis für innerdeutsche Flüge; beide Tarife lassen sich allerdings nicht mit einem anderen Flug kombinieren.

ÄRZTLICHE HILFE

Ausländer sollten sich vor der Abreise bei ihrer Versicherung erkundigen, ob Krankenhaus- und Arztkosten hinreichend gedeckt sind, falls sie während ihres Urlaubs in Deutschland erkranken. Bei einer ernsten Erkrankung oder bei einem Unfall rufen Sie den Notarzt über die Telefonnummer 31 00 31 oder bestellen Sie einen Krankenwagen unter **112**.

Apotheken hängen außerhalb der Öffnungszeiten ein Schild mit der Adresse der nächstgelegenen Dienstapotheke ins Fenster. Der Apotheken-Notdienst hat die Rufnummer **1141**.

AUTOFAHREN

Einreise in die Bundesrepublik Deutschland. Außer dem nationalen Führerschein und den Wagenpapieren werden ein Nationalitätskennzeichen, ein Warndreieck und ein Verbandskasten verlangt. Die **117**

Grüne Versicherungskarte ist für Fahrzeuge aus der Schweiz und aus Österreich (u.a.) zwar nicht vorgeschrieben, vereinfacht aber die Abwicklung eines möglichen Unfalls.

Autofahren in Berlin. Bei Fahrten in der Innenstadt werden Sie die Erfahrung machen, daß das Auto eher lästig als nützlich ist, denn Parkplätze gibt es so gut wie keine, und man steckt, vor allem in der Zeit des Berufsverkehrs, nicht selten im Stau. Die Zufahrt nach Berlin bereitet dagegen in der Regel keine Schwierigkeiten; nur zu Beginn und am Ende der Ferien kommt es an manchen Stellen zu Engpässen.

Vorschriften. Das Anlegen von Sicherheitsgurten ist gesetzlich vorgeschrieben. Versicherungsgesellschaften zahlen in der Regel weniger, wenn Sie bei einem Unfall nicht angeschnallt waren. Das gilt auch für Passagiere auf den Rücksitzen, wenn dort Sicherheitsgurte vorhanden sind. Bei Stauungen auf Schnellstraßen und Autobahnen muß zwischen den Spuren eine Gasse für Rettungsfahrzeuge freigemacht werden.

Geschwindigkeitsbegrenzungen. In Städten 50 km/h (als Begrenzung zählen die Ortstafeln), auf allen zweispurigen Landstraßen 100 km/h, auf Schnellstraßen und Autobahnen, wenn nicht anders angegeben, keine Begrenzung. Caravan-Gespanne 80 km/h.

Verkehrspolizei. Die Polizei kann Führerschein und Wagenschlüssel eines Fahrers einbehalten, den sie für fahruntüchtig hält. Die Alkoholgrenze liegt bei 0,8 Promille; je nach Konstitution und Körpergewicht kann man sie schon mit zwei Gläsern Bier erreichen. Radargeräte (auch getarnte und fest eingebaute) sind innerhalb und außerhalb der Städte im Einsatz.

Pannen. An Autobahnen stehen im Abstand von 2 km Notrufsäulen, an denen man bei Pannen und Unfällen Hilfe herbeirufen kann. Pannenhilfe durch die Straßenwacht der Automobilklubs (die man auch auf Landstraßen und in Städten telefonisch rufen kann) ist kostenlos; abschleppen und Ersatzteile müssen bezahlt werden.

Im Gebiet der Stadt Berlin erreichen Sie die Pannenhilfe der ADAC-Straßenwacht rund um die Uhr unter der Rufnummer 192 11.

Benzin und Öl. An den SB-Tankstellen tankt man einige Pfennige pro Liter billiger als mit Bedienung. Autobahntankstellen sind meist erheblich teurer.

AUTOVERLEIH

In der Berliner Innenstadt sind Bus und S- oder U-Bahn das beste »Mietauto«, weil es Ihnen die schwierige Parkplatzsuche erspart. Wollen Sie aber auf Ihren Streifzügen durch das »grüne Berlin« auf den Wagen nicht verzichten, dann fragen Sie beim Hotelempfang oder schlagen Sie im Branchenverzeichnis (gelbe Seiten) des Berliner Telefonbuchs nach. Mietbüros gibt es auch auf den Flughäfen Tegel und Schöneberg. Das erforderliche Mindestalter beträgt 21 Jahre; eine Kaution wird dann verlangt, wenn Sie nicht mit Kreditkarte zahlen. Es gibt die üblichen Sondertarife für Wochenenden und ganze Wochen.

B

BABYSITTER

In den meisten Hotels wird man Ihnen auf Wunsch einen Babysitter vermitteln. Es ist üblich, auch die Fahrkosten zu erstatten.

BEHINDERTE REISENDE

Die Behörden bemühen sich, die Stadt auch Behinderten zugänglich zu machen. Auf den Plänen der öffentlichen Verkehrsmittel (Liniennetzplan) ist angegeben, welche U-Bahn- und S-Bahn-Stationen rollstuhl-tauglich sind; die meisten sind in Westberlin, aber der Osten holt rasch auf. Busse haben breite Hintertüren, einige sogar eine Hebevorrichtung und Sicherheitsriemen. Viele Museen sind Rollstuhlgerecht mit besonderen Aufzügen und Toiletten ausgerüstet. Diese Museen sind im Magazin *Berlin Programm* angegeben; es ist jedoch ratsam, vorher anzurufen. Auch gewisse Restaurants und Cafés haben an Behinderte gedacht (z.B. das Café Oren bei der Neuen Synagoge). Weitere Informationen vermittelt das Fremdenverkehrsamt (siehe FREMDENVERKEHRSÄMTER).

BEKANNTSCHAFTEN

Dank der Kontaktfreudigkeit der Berliner sind Bekanntschaften schnell geschlossen. Und dies um so leichter, als sich das Leben (bei entsprechendem Wetter) weitgehend im Freien abspielt, auf Café-Terrassen und in Bars (vor allem rund um den Ku'damm, in der Kantstraße und am Savignyplatz).

BESCHWERDEN

Wenn Sie sich irgendwo übervorteilt fühlen und die Angelegenheit nicht selbst regeln können, dann wenden Sie sich an das Verkehrsamt der Stadt Berlin.

In Hotels, Restaurants und Geschäften sollten Sie sich zuerst an den Inhaber oder Geschäftsführer wenden. Besteht dann immer noch ein ernsthafter Grund zur Klage, richten Sie Ihre Beschwerde – sofern ein Hotel oder Restaurant betroffen ist – an:

Berliner Hotel- und Gaststätten-Innung e.V., Knesebeckstraße 99, Berlin 12; Tel. 31 70 71 (W), oder an:

Deutscher Hotel- und Gaststättenverband, Kronprinzenstraße 46, 5300 Bonn; Tel. (0228) 36 20 16.

C

CAMPING

In den Grünvierteln am Stadtrand von Berlin gibt es vier große Campingplätze:

Zeltplatz in Kladow, Krampnitzer Weg 111, 14089 Berlin; Tel. 365 27 97.

Campingplatz Haselhorst, Pulvermühlenweg, 13599 Berlin; Tel. 334 59 55.

Campingplatz Dreilinden; Kremnitz-Ufer, 14109 Berlin; Tel. 805 12 01.

Intercamping Krossinsee, Wernsdorferstr. 45, Berlin O-1186; Tel. 685 86 87.

Auf die Campingplätze weisen grüne Schilder mit dem Zeltsymbol hin. Genaue Angaben kann man den Campingführern des ADAC und des Deutschen Camping-Clubs entnehmen: Geisbergstraße 11, 10785 Berlin; Tel. 218 60 71.
Außerdem erteilt das Verkehrsamt Informationen.

DIEBSTAHL und VERBRECHEN

Verglichen mit anderen großen Städten ist Berlins Kriminalitätsrate niedrig, allerdings steigt sie in jüngster Zeit an. Ergreifen Sie also Vorsichtsmaßnahmen und lassen Sie Ihre Wertsachen im Hotelsafe. Die Gefahr von Taschendiebstahl ist auf belebten Plätzen am größten; das Portemonnaie ist in einer Innentasche am sichersten.

In abgestellten Fahrzeugen sollte man keine Wertgegenstände sichtbar liegenlassen. Sollte Ihnen dennoch etwas gestohlen werden, melden Sie den Vorfall an der Hotelrezeption und auf der nächsten Wache. Die Polizei stellt Ihnen eine Bescheinigung für Ihre Versicherung beziehungsweise Ihr Konsulat aus, falls der Paß gestohlen wurde. Es empfiehlt sich außerdem, von wichtigen Dokumenten wie Ausweispapieren und Flugtickets Fotokopien anzufertigen und diese getrennt aufzuheben – das kann die Wiederbeschaffung sehr viel einfacher machen.

FAHRRADVERLEIH

Berlin hat ein gut ausgebautes Netz von Fahrradwegen, die durch rote Ziegelsteine markiert sind. Vermeiden Sie als Fußgänger diese Wege, denn sonst werden Sie gnadenlos überfahren. Wenn Sie selber ein Rad mieten möchten, schlagen Sie in den Gelben Seiten im Telefonbuch nach oder wenden Sie sich an eine der folgenden Adressen:

Fahrradbüro, Hauptstraße 146, 10781 Berlin, Tel. 788 10 95.

Berlin by Bike, Möckenstraße 92, 10781 Berlin, Tel. 216 91 77. **121**

FEIERTAGE

Gesetzliche Feiertage sind:

1. Januar (Neujahr), Karfreitag, Ostersonntag und Ostermontag,

1. Mai (Tag der Arbeit), Christi Himmelfahrt,

Pfingstsonntag und Pfingstmontag,

3. Oktober (Tag der deutschen Einheit),

Buß- und Bettag (3. Mittwoch im November),

25. und 26. Dezember (Weihnachten).

Am 24. Dezember (Heiligabend) und am 31. Dezember (Silvester) schließen die Geschäfte schon mittags, und auch Theater, Kinos und viele Restaurants bleiben geschlossen.

FLUGHAFEN

Der Flughafen Tegel (Otto Lilienthal) liegt etwa 8 km nordwestlich des Stadtzentrums. Zwischen dem Bahnhof Zoo und dem Flughafen verkehren Taxis und Busse. Die Buslinie 109 fährt regelmäßig vor der Ankunftshalle ab, und die Nr. 128 bedient den Norden Berlins, Endstation Wilhelmsruh.

Nach einer Periode als Militärflugplatz wurde der Zentralflughafen Tempelhof im Süden Berlins wieder dem zivilen Luftverkehr übergeben. Man erreicht ihn mit der U-Bahnlinie U6 (Platz der Luftbrücke) oder mit den Buslinien 119, 184 und 341. Der Flughafen Schöneberg (ca. 19 km südlich des Stadtzentrums) ist mit der S-Bahn zu erreichen. Die Linie S9 führt zum Alexanderplatz, wo Bus-, U- oder S-Bahn-Linien ganz Berlin bedienen. Es gibt auch einen Buspendelverkehr (Nr. 171) zwischen Schöneberg und der U-Bahn-Station Rudow, von wo aus Sie mit der U7-Linie ins Stadtzentrum gelangen können.

Flughafen-Auskunft:	Tegel	Tel. 41 01 23 06
	Tempelhof	Tel. 690 96 05
	Schönefeld	Tel. 678 70

FREMDENVERKEHRSÄMTER

Wenn Sie eine Reise nach Berlin planen, können Sie sich mit der Bitte um Informationsmaterial an die Deutsche Zentrale für Tourismus (DZT) wenden. Sie hat ihren Hauptsitz in der Beethovenstraße 69, 60325 Frankfurt am Main; Tel. (069) 757 20.

Deutsche Fremdenverkehrsbüros im Ausland sind:

Österreich: Deutsche Zentrale für Tourismus, Schubertring 12, 1010 Wien; Tel. (0222) 513 27 92.

Schweiz: Deutsches Verkehrsbüro, Talstr. 62, 8001 Zürich; Tel. (01) 221 13 87.

Oder wenden Sie sich direkt an folgende Stellen:

Berlin Tourist Information, Europa-Center, Budapesterstraße, 10785 Berlin; Tel. 262 60 31; täglich von 8 bis 22.30 Uhr.

Verkehrsamt Berlin, Martin-Luther-Straße 105, 10785 Berlin; Tel. 212 34; Montag bis Freitag 9–18 Uhr.

Verkehrsamt im Bahnhof Zoo, Schalterhalle, Tel. 313 90 63, täglich von 8 bis 23 Uhr.

Verkehrsamt im Flughafen Tegel, Schalterhalle, Tel. 41 01 31 45, täglich von 8 bis 23 Uhr.

Bei den Berliner Fremdenverkehrsämtern gibt es kostenlose Karten, Verzeichnisse und Broschüren sowie einen Hotelbuchungs-Service. Außerdem ist das offizielle *Berlin Programm* erhältlich, das Sie über alles ins Bild setzt, was in Berlin gerade geboten wird.

Für Jugendgruppen organisiert das Informationszentrum (siehe unter ALTERNATIVSZENE) Führungen und Veranstaltungen zu speziellen Themen.

FUNDSACHEN

Berlins Zentrales Fundbüro ist am Platz der Luftbrücke 6, 12099 Berlin; Tel. 69 90. Wenn Sie jedoch wissen, wo Sie etwas verloren haben, wenden Sie sich am besten gleich an die betreffende Stelle. Für öffentliche Verkehrsmittel ist das BVG-Büro am Lorenzweg 5, 12099 Berlin, zuständig, Tel. 751 80 21.

Haben Sie etwas in einem Postamt oder in einer Fernsprechzelle liegenlassen, erkundigen Sie sich beim Hauptpostamt im Bahnhof

Zoo, Tel. 313 97 99. Für Taxis ist das Unternehmen zuständig, das Sie befördert hat (Telefonnummern siehe unter TAXIS).

GELDANGELEGENHEITEN

Währung. Es gibt Münzen zu 1, 2, 5, 10, 50 Pfennig und zu 1, 2 und 5 Mark sowie Scheine zu 5, 10, 20, 50, 100, 200, 500 und 1000 Mark.

Die **Banken** sind in der Regel montags bis freitags von 9 bis 12 Uhr geöffnet; die meisten auch an drei Nachmittagen pro Woche von 13 bis 15 Uhr und an den anderen zwei von 14 bis 18 Uhr. Diese Zeiten können sich jedoch ändern; am besten erkundigen Sie sich vorher. Die Zweigstellen in den Kaufhäusern sind während der Ladenzeiten offen. Die Wechselstube der Deutschen Verkehrsbank im Bahnhof Zoo ist Montag bis Freitag von 8.30-22 Uhr und am Wochenende von 8 bis 19 Uhr geöffnet.

Geldwechsel ist möglich in Banken und Sparkassen; außerdem an den Schaltern im Bahnhof Zoo, die auch länger geöffnet sind (montags bis samstags 9-21 Uhr, sonn- und feiertags 10-18 Uhr), und im Europa-Center (montags bis freitags 9-18 Uhr, samstags 9-16 Uhr). Die Wechselkurse in Hotels, Restaurants, Geschäften und Reisebüros sind in der Regel weniger günstig.

Kreditkarten, Reiseschecks, Eurocheques. Kreditkarten werden in den meisten Hotels, Restaurants und größeren Geschäften akzeptiert. Bei Reisechecks und Eurocheques müssen Sie sich ausweisen. Im ehemaligen Ostteil wird Bargeld bevorzugt.

MIT SOVIEL MÜSSEN SIE RECHNEN

Damit sich Besucher aus Österreich und der Schweiz eine Vorstellung von ihren Ausgaben machen können, geben wir nachstehend einige Durchschnittspreise für Berlin an (Stand bei Veröffentlichung dieses Reiseführers).

Autoverleih. VW Polo: DM 70 pro Tag, DM 0,70 pro km; DM 150 fürs Wochenende inkl. 1500 km (Freitagmittag bis Montag 9 Uhr), DM 700 pro Woche mit unbegrenzter Kilometerzahl.

Babysitter. DM 15-20 pro Stunde.

Camping. Zelt: DM 5.50 pro Person und Nacht; Wohnwagen: DM 7.50 pro Person und Nacht.

Flughafentransport. Mit dem Bus zum Bahnhof Zoo DM 3,20, mit dem Taxi nach Tegel DM 25; nach Schönefeld DM 55.

Friseur. Herren: Schneiden DM 35-60. Damen: Schneiden DM 30-90.

Hotels (Doppelzimmer pro Nacht). Luxushotel DM 350-475, Erste-Klasse-Hotel DM 220-350, Mittelklasse DM 120-220, einfaches Hotel DM 80-115.

Lebensmittel. Brot (1 kg) DM 4-6, Butter (250 g) DM 2-2,60, Wurst (100 g) DM 2,50, Räucherschinken (100 g) DM 2,60-3, Fleisch- oder Gemüsesalat (100 g) DM 1,60-4, Käse (100 g) DM 1,80-3, Bier (0,5 l) DM 2,50.

Mahlzeiten und Getränke. Frühstück DM 8-25, Mittag- oder Abendessen in einem mittleren bis guten Restaurant DM 30-70, Flasche deutscher Wein DM 35-60, kleine Flasche Bier DM 3,50-6, kleine Flasche Limonade DM 3-5, Kaffee DM 2,50- 4.

Museen. DM 4-6; Tageskarte: DM 8; Sammelkarte (Schloß Charlottenburg): DM 8; Ermäßigung für Kinder und Studenten.

Öffentliche Verkehrsmittel. BVG: einfache Fahrt DM 3,20, Kinder DM 2,10; Ku'damm-Ticket DM 1,50; Sammelkarte (4 Fahrten) DM 11, Kinder DM 6,70; Berlin-Ticket (24 Stunden gültig) DM 12, Kinder DM 6; Sechs-Tage-Ticket (Montag bis Samstag) DM 30; Umweltkarte (1 Monat) DM 74.

Stadtrundfahrten. Ost-West-Stadtrundfahrt (21/2 Stunden) DM 30, Große Berlin-Rundfahrt (3 Stunden) DM 38, Super-Berlin-Rundfahrt **125**

(mit Halt am Pergamon-Museum) DM 45, Spreewald-Tour (6 Stunden) DM 54, Potsdam-Tour (7 Stunden, mit Lunch) DM 95.

Taxis. Grundgebühr DM 3,80, danach pro Kilometer DM 1,93 (vor 23 Uhr) bzw. DM 2,10 (nach 23 Uhr).

Unterhaltung. Kino DM 8-12, Theater DM 15-60; Diskothek DM 20-50; Nachtklub DM 25-200.

GOTTESDIENSTE und MESSEN

Über die katholischen und evangelischen Gottesdienste unterrichten Sie sich am besten in den Tageszeitungen. Auskunft über Veranstaltungen beider Kirchen, wie Vorträge oder geistliche Konzerte, erhalten Sie unter der Telefonnummer 11 57. Informationen über andere Glaubensgemeinschaften können Sie im Telefonbuch nachschlagen.

HAUSTIERE

Wenn Sie Ihren Hund oder Ihre Katze mit nach Berlin nehmen wollen, sollten Sie sich erst vergewissern, ob Ihr Hotel auch bereit ist, Ihren Liebling aufzunehmen.

Für die Einreise benötigen Sie einen Impfausweis, in dem die rechtzeitig erfolgte Tollwutschutzimpfung bescheinigt wird. Gesetzlich wird auch eine amtstierärztliche Gesundheitsbescheinigung verlangt, die bei der Einreise nicht älter als 5 Tage sein darf.

HOTELS und ANDERE UNTERKÜNFTE

Siehe auch CAMPING, JUGENDHERBERBERGEN und HOTELEMPFEHLUNGEN. Das Verkehrsamt Berlin stellt Ihnen eine kostenlose Liste zur Verfügung, in der alle Hotels und Pensionen mit Leistungen und Preisen verzeichnet sind. Das Verkehrsamt bietet auch einen Reservierungsdienst für Hotel- und Pensionszimmer, den Sie im Flughafen Tegel, am Bahnhof Zoo oder im Europa-Center benutzen können (siehe FREMDENVERKEHRSÄMTER). In der Hochsaison, für Wochenenden und während besonderer Veranstaltungen ist es sehr ratsam, im voraus zu buchen. Wenn Sie erst in Berlin buchen, wird eine geringe Gebühr erhoben (DM 5).

Wenn Sie privat bei Berlinern wohnen oder ein Haus teilen möchten, hilft Ihnen eine der folgenden Organisationen:

Erste Mitwohnzentrale, Sybelstraße 53, 10589 Berlin; Tel. 324 30 31.

Mitwohnzentrale, Ku'damm-Eck, Kurfürstendamm 227, 10589 Berlin, Tel. 88 30 51.

Zeitraum, Horstweg 7, 10589 Berlin; Tel. 325 61 81.

J

JUGENDHERBERGEN

Wenn Sie einen längeren Aufenthalt in Berliner Jugendherbergen planen, dann besorgen Sie sich vorher eine Mitgliedskarte des Deutschen Jugendherbergswerks,

Bülowstr. 26, 4930 Detmold.

Ausführliche Informationen über die Jugendherbergen in Berlin erhalten sie beim Berliner Büro des DJH:

Tempelhofer Ufer 32, 10969 Berlin; Tel. 262 30 24.

Berlins Jugendherbergen sind beliebt; buchen Sie also möglichst im voraus. Die wichtigsten Adressen sind:

Jugendgästehaus Berlin, Kluckstraße 3, 10785 Berlin, Tel. 261 10 97.

Jugendgästehaus am Zoo, Hardenbergstraße 9a, 10585 Berlin, Tel. 312 94 10.

Jugendherberge Wannsee, Badeweg 1, 14129 Berlin, Tel. 803 20 34.

Jugendherberge Ernst Reuter, Hermsdorfer Damm 48, 13469 Berlin, Tel. 404 16 10.

KARTEN und STADTPLÄNE

Das Fremdenverkehrsamt, die meisten Banken, Autovermietungen und größere Hotels versorgen Sie gerne mit handlichen Stadtplänen. Das Magazin *Berlin Programm* enthält Pläne der Stadt und des U- und S-Bahn-Netzes.

KINDER IN BERLIN

Für den Nachwuchs ist in der Spree-Stadt gut gesorgt. Die Ausflüge nach Grunewald, an die Strände des Wannsees, zur Pfaueninsel und die Stadtrundfahrten mit dem Boot sind auch bei den Kleinen beliebt. Weiter sind zu empfehlen:

Museen: Kinder jeglichen Alters werden vom Völkerkundemuseum in Dahlem mit seinen Masken und den rekonstruierten Schiffen und Hütten begeistert sein. Viele Exponate sind auf Kinderhöhe angeordnet und können zum Teil auch »handgreiflich« begutachtet werden. Für ältere Kinder gibt es die Diashows im Museum für Vor- und Frühgeschichte im Schloß Charlottenburg, und im Museum für Verkehr und Technik darf man manches Ausstellungsstück selber bedienen. In der Domäne Dahlem bei den Dahlem-Museen wurde ein deutsches Dorf aus dem 17. Jahrhundert wiederaufgebaut; Kinder können dort den Handwerkern bei der Arbeit und dem Landvieh beim Weiden zuschauen. Öffnungszeiten der Museen: siehe Museen weiter unten.

Parks und **Spielplätze**: Kinderspielplätze mit Schaukeln und Klettergerüsten finden Sie in der ganzen Stadt. Parks gibt es auch viele: besonders erwähnenswert sind der Tiergarten im Zentrum, der hügelige Viktoria-Park in Kreuzberg und der weitläufige Grunewald, wo Sie in Waldeskühle spazieren oder auf einem der vielen kleinen Seen Bootfahren können; im Sommer liegt sogar schwimmen drin.

In Berlin gibt's gleich zwei **Zoos**: den Zoologischen Garten beim Ku'damm und den Tierpark im Osten. Beide haben an die lieben

Kleinen gedacht: wer des Getiers müde ist, kann sich auch auf Spielplätzen und in Kinderzoos austoben.

KLIMA

In Berlin herrscht kontinentales Klima mit kalten, schneereichen Wintern und warmen, recht trockenen Sommern. Die angenehmste Reisezeit ist der Spätfrühling und Sommer. Empfehlenswert ist es aber auch, den Urlaub so zu legen, daß Sie ein besonderes Ereignis wie das Film-Festival Ende Februar/Anfang März oder das Jazz-Festival im Oktober miterleben können. Genug zu bieten hat Berlin zu jeder Jahreszeit, von dem breiten Spektrum kultureller Veranstaltungen (im Hochsommer allerdings mit reduziertem Programm) bis zu den vielen historischen Sehenswürdigkeiten.

Durchschnittstemperaturen:

	J	F	M	A	M	J	J	A	S	O	N	D
Höchstwert	2	3	8	13	19	22	25	23	20	13	7	3
Tiefstwert	-3	-3	0	4	8	12	14	13	10	6	2	-1

Der Tiefstwert ist kurz vor Sonnenaufgang gemessen, der Höchstwert am Nachmittag.

KLEIDUNG

Für den Winter empfiehlt sich ein warmer Mantel, für den Sommer leichte Kleidung und ein Badeanzug. Im Frühling und Herbst sollten Regenzeug und Schirm im Gepäck nicht fehlen.

KONSULATE und BOTSCHAFTEN

Die ausländischen Botschaften in der Bundesrepublik befinden sich teilweise (noch) in Bonn und Bad Godesberg. Ausländer, die in Schwierigkeiten geraten sind (Verlust des Passes, Unfall, Schwierigkeiten mit Behörden), wenden sich an ein Konsulat ihres Landes. Der Konsul kann einen provisorischen Paß ausstellen und Rat geben. Er ist nicht dazu da, Rechnungen zu begleichen, Geld zu leihen, eine Arbeitsstelle zu vermitteln oder eine Arbeitserlaubnis zu beschaffen.

Österreichisches Generalkonsulat, Otto-Grotewohl-Str. 5, 10117 Berlin; Tel. 229 10 31, 391 54 18, 391 56 11.

Schweizerisches Generalkonsulat, Fürst-Bismarck-Str. 4, 13469 Berlin; Tel. 394 40 21-2.

MUSEEN

Schon vor der Vereinigung von Ost- und Westberlin waren beide Städte berühmt für ihre Museen. Jetzt kann man fast von einer »Museumsstadt« sprechen. Wir geben hier, alphabetisch nach Gegend geordnet, die Öffnungszeiten und die Telefonnummern der wichtigsten Museen an. Einige Stätten können Sie an Sonn- und Feiertagen kostenlos besuchen. Beachten Sie, daß die Angaben, wie alle übrigen Informationen in diesem Reiseführer, Veränderungen unterliegen.

Berlin-Mitte

Brecht-Weigel-Haus, Chausseestraße 125, Tel. 282 99 16. Di-Fr 10-11.30 Uhr, Sa 9.30-13.30 Uhr, Do 17-18.30 Uhr. Führungen jede halbe Stunde (maximal 8 Personen).

Deutsches Historisches Museum, Unter den Linden 2, Tel. 21 50 20. Täglich außer Mittwoch von 10 bis 18 Uhr.

Märkisches Museum, Am Köllnischen Park 5, Tel. 270 05 14. Mi-So 10-18 Uhr.

Otto-Nagel-Haus, Märkisches Ufer 16, Tel. 279 14 02. So-Do 9-17 Uhr.

Charlottenburg

Ägyptisches Museum, Schloßstraße 70, Tel. 32 09 12 61. Behinderte sollten vorher anrufen. Mo-Do 9-17 Uhr, an Wochenenden 10-17 Uhr, freitags geschlossen.

Antikenmuseum, Schloßstraße 1, Tel. 32 09 12 16. Für Behinderte empfiehlt sich vorherige Anmeldung. Mo-Do 9-17 Uhr, an Wochenenden 10-17 Uhr, freitags geschlossen.

Bröhan Museum, Schloßstraße 1a, Tel. 321 40 29. Behinderte sollten sich vorher anmelden. Do 10-20 Uhr, Di-So und an Feiertagen 10-18 Uhr.

Käthe-Kollwitz-Museum, Fasanenstraße 24, Tel. 882 52 10. Behinderte können nur das Erdgeschoß besuchen. Täglich außer dienstags 11-18 Uhr.

Museum für Vor- und Frühgeschichte, Spandauer Damm 22, Tel. 32 09 12 33. Behinderte können nur einen Teil besuchen. Mo-Do 9-17 Uhr, an Wochenenden 10-17 Uhr.

Schloß Charlottenburg, Luisenplatz, Tel. 32 09 11. Für Behinderte ist nur das Erdgeschoß zugänglich. Di-Fr 9-17 Uhr, an Wochenenden 10-17 Uhr.

Dahlem

Botanischer Garten/Botanisches Museum, Königin-Luise-Straße 6-8, Eingang Unter den Eichen, Tel. 83 00 60. *Garten:* täglich von 9 Uhr bis Sonnenuntergang; *Museum:* Di-So 10-17 Uhr.

Brücke-Museum, Bussardsteig 9, Tel. 831 20 29. Täglich außer dienstags 11-17 Uhr.

Gemäldegalerie, Arnimallee 23-7, Tel. 830 11. Behinderte sollten vorher anrufen. Di-Fr 9-17 Uhr, an Wochenenden 10-17 Uhr.

Museum für Indische Kunst, Lansstraße 8, Tel. 830 13 62. Di-Fr 9-17 Uhr, an Wochenenden 10-17 Uhr.

Museum für Islamische Kunst, Lansstraße 8, Tel. 830 13 62. Di-Fr 9-17 Uhr, an Wochenenden 10-17 Uhr.

Museum für Ostasiatische Kunst, Lansstraße 8, Tel. 830 13 82. Di-Fr 9-17 Uhr, an Wochenenden 10-17 Uhr.

Museum für Völkerkunde, Lansstraße 8, Tel. 830 12 66. Behinderte haben fast zum ganzen Museum Zugang. Di-Fr 9-17 Uhr, an Wochenenden 10-17 Uhr.

Skulpturengalerie, Lansstraße 8, Tel. 830 11. Di-Fr 9-17 Uhr, an Wochenenden 10-17 Uhr.

Kreuzberg

Berlin Museum, Lindenstraße 14, Tel. 25 86 28 39. Di-So 10-20 Uhr (die Zeiten können sich wegen der Bauarbeiten ändern).

Martin-Gropius-Bau, Stresemannstraße 110, Tel. 25 48 60. Behinderte sollten sich vorher anmelden. Di-So 10-20 Uhr.

Museum für Verkehr und Technik, Trebbiner Straße 9, Tel. 25 48 40. Di-Fr 9-17.30 Uhr, an Wochenenden 10-18 Uhr.

Topographie des Terrors, Stresemannstraße 110, Tel. 25 48 67 03. Di-So 10-18 Uhr, Führungen auf Anfrage.

Museumsinsel

Altes Museum, Bodestraße 1-3, Eingang beim Lustgarten, Tel. 220 03 81. Mi-So 9-17 Uhr.

Bode-Museum, Bodestraße 1-3, Eingang bei der Monbijoubrücke, Tel. 20 35 50. Behinderte können den Diensteingang bei der Nationalgalerie benutzen. Mi-So 9-17 Uhr.

Nationalgalerie, Bodestraße 1-3, Eingang bei der Monbijoubrücke, Tel. 20 35 50. Behinderte können den Diensteingang benutzen. Mi-So 9-17 Uhr.

Pergamon Museum, Bodestraße 1-3, Tel. 20 35 50. Mi-So 9-17 Uhr.

Nikolaiviertel

Ephraim-Palais, Poststraße 16, Tel. 24 31 33 02. Führungen auf Anfrage an Tel. 24 31 33 15. Behinderte sollten sich vorher anmelden. Di-Fr 9-17 Uhr, Sa 9-18 Uhr, So 10-17 Uhr.

Nikolaikirche, Nikolaikirchplatz, Tel. 24 31 31 46. Für Führungen: Tel. 24 31 33 14. Behinderte können das Erdgeschoß besuchen (Anmeldung erforderlich). Di-Fr 9-17 Uhr, Sa 9-18 Uhr, So 10-17 Uhr (an Konzert-Tagen nur bis 16 Uhr).

Tiergarten

Bauhaus Archiv-Museum für Gestaltung, Klingelhöferstraße 13-14, Tel. 254 00 20. Täglich außer dienstags 10-17 Uhr.

Kunstgewerbemuseum, Matthäikirchplatz, Tel. 266 29 02. Di-Fr 9-17 Uhr, an Wochenenden 10-17 Uhr.

Musikinstrumenten-Museum, Tiergartenstraße 1, Tel. 25 48 10. Di-Fr 9-17 Uhr, an Wochenenden 10-17 Uhr, Führungen jeden Samstag um 11 Uhr. Vorführung der Wurlitzer-Orgel am ersten Samstag im Monat.

Neue Nationalgalerie, Potsdamer Straße 50, Tel. 266 26 62. Di-Fr 9-20 Uhr, am Wochenende 10-20 Uhr.

Reichstag, Platz der Republik. Täglich außer Montag 10-17 Uhr.

NOTFÄLLE

Siehe auch ÄRZTLICHE HILFE, AUTOFAHREN, DIEBSTAHL, KONSULATE und REISERUFE. Die Notrufnummern sind:

Apotheken-Notdienst	1141
Ärztliche Hilfe	31 00 31
Feuerwehr, Notarzt	112
Polizei	110
Rettungsdienst	85 85
Telefon-Seelsorge	1 11 01

ÖFFENTLICHE VERKEHRSMITTEL

Das Verkehrsnetz der *Berliner Verkehrs-Betriebe BVG* mit seinen Bussen, Regional- und Straßenbahnen sowie U-Bahn- und S-Bahnlinien macht praktisch jeden Winkel der Stadt zugänglich. Die U-Bahn wurde ausgebaut. Mit der S-Bahn können Sie weiter entfernte Orte wie Grunewald, Wannsee, Potsdam und Köpenick erreichen.

Das Straßenbahn-Netz, das zur Zeit nur den Ost-Teil bedient, soll ausgebaut werden. Direkt verkehrende Schnellbusse, mit einem

Dreiecksymbol gekennzeichnet, verbinden den Bahnhof Zoo im Pendelverkehr mit dem Grunewald, der Pfaueninsel und (im Sommer) den Stränden. Haltestellen der Busse erkennen Sie am grünen »H« auf gelbem Grund; bei den U-Bahnen ist es ein blaues Schild mit einem weißen »U«, bei S-Bahnen ein weißes »S« auf grün.

Die **U-Bahn** fährt von 4.30 Uhr bis ungefähr 1 Uhr früh. Die Züge der Linien U1 und U9 fahren am Freitag und Samstag die ganze Nacht.

Zwischen der U-Bahn-Station Gleisdreieck und dem Kulturforum im Tiergarten verkehrt die ultramoderne **Magnetschwebebahn**, die als Demonstrationsprojekt gebaut wurde.

Die **Busse** fahren rund um die Uhr, allerdings sind die Abstände im Nachtverkehr (Nummer der Buslinie zuzüglich »N«, z.B. 174N) entsprechend größer; zum Teil verkehren sie dann auch auf anderen Strecken.

Langstreckenbusse zu zahlreichen Zielen in Deutschland fahren vor dem Zentralen Omnibusbahnhof am Messedamm beim Funkturm ab; Tel. 180 28.

Kaufen Sie Ihre **Fahrkarte** – es gilt ein Einheitstarif für freie Fahrt während 2 Stunden – an einem der orange-farbigen Automaten in einem U-Bahnhof, an einer Bushaltestelle oder beim Fahrer im Bus. Halten Sie möglichst passende Münzbeträge bereit. Einige Automaten nehmen auch Banknoten an. Kartenstellen und BVG-Kioske gibt es zum Beispiel im und vor dem Bahnhof Zoo. Die Fahrscheine müssen dann in einem der roten Entwertungsautomaten auf den Bahnsteigen oder in den Bussen entwertet werden.

Erhältlich sind auch sogenannte Sammelkarten, mit denen man vier Fahrten machen kann. Gruppen von mindestens sechs Personen können eine sieben Tage gültige Sonderwochenkarte beantragen. Kinder unter 14 zahlen einen ermäßigten Tarif.

Das 24-Stunden-Städteticket gibt es auch für Berlin (»Berlin Ticket«); man kann damit einen ganzen Tag lang alle BVG-Verkehrsmittel benutzen, auch bestimmte Schiffstrecken. Mit der Familien-Tageskarte können Kinder unter 16 in Begleitung ihrer Eltern einen Tag lang Berlin bereisen.

ÖFFNUNGSZEITEN

Museen. Im allgemeinen 9-17 Uhr, montags oder freitags geschlossen. Am besten erkundigt man sich vor einem Besuch beim Verkehrsamt (siehe auch MUSEEN).

Restaurants. Frühstück bis 10 Uhr, Mittagessen 12-14 Uhr, Abendessen 18-21.30 Uhr oder später.

Läden. Die allgemeinen Öffnungszeiten sind von Montag bis Freitag 9-18 oder 18.30, am Sonnabend bis 13 oder 14 Uhr (am ersten – »langen« – Sonnabend des Monats ebenfalls bis 18 Uhr) und donnerstags in vielen Geschäften bis 20.30 Uhr.

Fremdenverkehrsämter. Das Verkehrsamt im Europa-Center ist täglich 8-22.30 Uhr geöffnet, der Schalter im Flughafen Tegel 8-23 Uhr. Das Informationszentrum beantwortet Fragen über Berlin von Montag bis Freitag 8-19 Uhr und Samstag 8-16 Uhr. Weitere Auskünfte erteilt von 8-20 Uhr das Informationszentrum am Alexanderplatz/Fernsehturm; Tel. 212 46 75.

P

POST, TELEGRAMM, TELEFON

Berlins **Hauptpostamt** finden Sie im Bahnhof Zoo. Es ist für Briefe Telegramme, Fernschreiben, Telefax und Telefonate rund um die Uhr geöffnet, und auch der Postsparkassendienst, Postscheckdienst und Geldwechsel arbeiten nachts.

Sie können sich auch Briefe postlagernd hierher senden lassen: Hauptpostlagernd, Postamt 120, Bahnhof Zoo, 10585 Berlin. Beim Abholen müssen Sie sich ausweisen.

Das Postamt im Flughafen Tegel ist von 6.30 bis 21 Uhr geöffnet. Die anderen Postämter in Berlin sind in der Regel montags bis freitags von 8 bis 18 Uhr geöffnet, samstags von 8 bis 12 Uhr.

Das Hauptpostamt im Ostteil ist im Hauptbahnhof, Straße der Pariser Kommune 8-12. Es ist durchgehend geöffnet. Am günstigsten **135** gelegen sind die Postschalter im Bahnhof Friedrichstraße und im S-Bahnhof Alexanderplatz.

Ein **Telefax** können Sie von manchen Kopierläden (»Copy Centers«) und von vielen Hotels aus verschicken.

Telefonzellen sind gelb und durch ein Schild mit schwarzem Hörer auf gelbem Grund (Inlandsgespräche) oder grünem Grund (Auslandsgespräche) gekennzeichnet. Das Telefonnetz im ehemaligen Ost-Berlin wird zur Zeit modernisiert, was bedeutet, daß besonders Ferngespräche nicht immer sofort zustande kommen. Außerdem werden sich gewisse Vorwahl-Nummern noch ändern. Wenn Sie Probleme haben, erkundigen Sie sich am besten beim Störungsdienst oder schlagen Sie im Telefonbuch nach.

Mehr und mehr Kabinen werden für den ausschließlichen Gebrauch von Telefonkarten (die man in jedem Postamt erhält) umgerüstet. Werktags zwischen 18 und 8 Uhr sowie an Sonn- und landesweiten Feiertagen sind auch Gespräche nach Österreich und in die Schweiz billiger.

Vorwahl für die Schweiz: 0041; für Österreich: 0043; anschließend wählt man die örtliche Vorwahl ohne die 0. Ferngespräche vom Hotel aus sind meist erheblich teurer.

| Auskunft: | Inland 011 88 | Ausland 001 18 |
| Vermittlung: | Inland 010 | Ausland 0010 |

Telegramme können in den Postämtern oder telefonisch (nicht von Münzfernsprechern) über die Nummer 11 31 aufgegeben werden. Ein Telefax können Sie in gewissen Postämtern, von manchen Kopierläden (»Copy Centers«) und von vielen Hotels aus verschicken.

R

REISERUF

In Notfällen können Sie Ihre Angehörigen über einen »Reiseruf« benachrichtigen lassen. Wenden Sie sich an die Polizei oder an den ADAC in Berlin unter der Rufnummer (030) 86 86 5.

Die Reiserufe werden über die Programme des Senders Freies Berlin (SFB) ausgestrahlt. Wenn eine solche Nachricht Sie betrifft und Sie weitere Auskünfte benötigen, rufen Sie nicht beim Rundfunk, sondern beim ADAC unter der obigen Telefonnummer an.

SPRACHE

Berlin hat wie keine andere Stadt oder Landschaft Deutschlands das Hochdeutsche mit immer wieder neuen Wörtern und Redensarten bereichert. Man muß nicht unbedingt die Meinung Friedrichs des Großen teilen, der das Hochdeutsche für eine Abart des Berlinischen hielt und sich weigerte, hochdeutsch zu sprechen, doch was wäre unser Alltag ohne »Quatsch«, »knorke« und »etepetete«? Wer sich in Berliner Mundart »ausquatschen« möchte, kann zu Hans Meyers Klassiker *Der richtige Berliner in Wörtern und Redensarten* und ähnlichen Werken greifen; »mit Jeduld und Spucke« mag er's lernen.

Das Berlinische lebt von jeher von der humoristischen Weltsicht der Berliner: »Uns kann keener – und im Ernstfall könnse uns alle!« Diese Weltsicht ist natürlich nicht von den Lebensumständen zu trennen, und fürchtete Theodor Fontane noch: »Das freie Wort ist endlich der Tod der Ironie geworden und wird es täglich mehr«, so hat die Geschichte dafür gesorgt, daß die Ironie nicht ausstarb... Das Berlinische hat außerdem dankbar und bereitwillig fremde Elemente, vor allem französische und jüdische, aufgenommen und für die eigenen Zwecke umgearbeitet. Doch wie gesagt, das Berlinische ist nicht in erster Linie eine Sache des Vokabulars und der Grammatik – deren bekannteste Eigenheit die »Verwechslung« von mir und mich ist –, sondern eine Sache der nichts verschonenden freundlichen Ironie. Darüber gibt es Hunderte von Anekdoten. Hier ein Beispiel zur Einstimmung für Ihren Berlinbesuch: Es kommt einer zum ersten Mal nach Berlin, und nachdem er dem Taxichauffeur ein Trinkgeld gegeben hat, wundert er sich, daß der Chauffeur es wortlos einsteckt. Beim Weggehen kann er sich die Bemerkung nicht verkneifen: »Sagen die Chauffeure in Berlin eigentlich *danke schön,* wenn sie ein **137**

Trinkgeld kriegen?« Der Chauffeur wiegt den Kopf, denkt nach und sagt endlich: »Manche saren et – manche saren et ooch wieder nich!«

STADTRUNDFAHRTEN und FÜHRUNGEN

Einen ersten Eindruck von Berlin erhält man am besten auf einer kommentierten Stadtrundfahrt. Angeboten werden auch Tagesfahrten nach Potsdam und dem Spreewald sowie Wochenendausflüge nach Dresden, Wittenberg und in andere Orte. Bootfahrten stehen ebenfalls auf dem Programm. Im Sommer veranstalten die BVG-Betriebe ab Breitscheidplatz an der Gedächtniskirche Rundfahrten in historischen Doppeldecker-Bussen. Auch für das Nachtleben wird gesorgt (»Besuch« eines Lokals und erstes Getränk inbegriffen).

Ausgangspunkt der meisten Fahrten ist der Kurfürstendamm (zwischen Rankestraße und Fasanenstraße):

Severin & Kühn Berliner Stadtrundfahrt; Tel. 883 10 15. Abfahrt: Ku'damm 216 (zwischen Uhlandstraße und Fasanenstraße).

Berolina; Tel. 882 20 91. Abfahrt: Ku'damm (Meinekestraße); Radisson-Plaza Hotel, Karl-Liebknecht-Straße.

Berliner Bären-Stadtrundfahrt (BBS); Tel. 213 40 77 und 242 43 62. Abfahrten: am Ku'damm (Rankestraße, gegenüber der Kaiser-Wilhelm-Gedächtniskirche) und am Alexanderplatz beim Forum-Hotel.

Stadtrundfahrtbüro Berlin und **Gulliver's Reisen**; Tel. 78 10 21 oder 342 46 61. Abfahrt: Europa-Center, Budapesterstraße; Fahrt zu den Filmstudios in Babelsberg inbegriffen.

TAXIS

Die Berliner Taxis sind hellbeige, meistens schlichte Mercedes. Einer der belebtesten Standplätze ist an der Ecke Ku'damm/Joachimstaler Straße. Sie können aber auch ein Taxi an der Straße heranwinken. Zu den Hauptverkehrszeiten oder bei schlechtem Wetter ist es ratsam, einen Wagen direkt unter einer der folgenden Telefonnummern zu bestellen:

69 02	26 10 26
21 01 01	21 02 02
69 10 01	96 44

Z

ZOLL und PASSFORMALITÄTEN

Seit der Einführung des Europäischen Marktes 1993 können EG-Bürger für den persönlichen Bedarf vorgesehene und bereits besteuerte Waren unbeschränkt einführen. Für die Ein- und Ausfuhr von Devisen und D-Mark gibt es keine Beschränkungen.

REGISTER

Fettgedruckte Seitenzahlen kennzeichnen den jeweiligen Haupteintrag.

Mit Berlitz stecken Sie die Welt in Ihre Tasche!

Afrika
Kenia
Marokko
Südafrika
Tunesien

Australien

Belgien/Niederlande
Brüssel
Amsterdam

Britische Inseln
Irland
London
Oxford und Stratford
Schottland

Deutschland
Berlin
München
Rheinland und Moseltal

Ferner Osten
China
Hong Kong
Indien
Indonesien
Japan
Singapur
Sri Lanka
Thailand

Frankreich
Côte d'Azur
Dordogne/Périgord
Euro Disneyland
Frankreich
Normandie
Paris
Provence
Tal der Loire

Griechenland
Ägäische Inseln
Athen

Peloponnes
Rhodos
Thessaloniki

Italien/Malta
Florenz
Italien
Mailand*
Neapel/Amalfiküste
Rom
Sizilien
Venedig
Malta

Karibik
Bahamas
Französische Antillen
Jamaika
Kleine Antillen/Südliche
   Inseln

Lateinamerika
Mexiko
Mexico City u. Acapulco
Rio de Janeiro

Naher Osten
Ägypten
Jerusalem
Zypern

Österreich
Tirol
Wien

Portugal
Algarve
Lissabon
Madeira

Schweiz

Skandinavien
Helsinki
Kopenhagen
Oslo und Bergen
Schweden*

Spanien
Barcelona

Costa Blanca
Costa Brava
Costa Dorada und
   Tarragona
Costa del Sol und
   Andalusien
Ibiza und Formentera
Kanarische Inseln
Madrid
Mallorca und Menorca
Sevilla

Turkei
Istanbul/Ägäische
   Küste
Türkei

Ungarn
Budapest
Ungarn

USA und Kanada
Disneyland*
Florida
Hawaii
Kalifornien
Los Angeles*
Miami
New York
San Francisco
USA
Kanada
Montreal
Walt Disney World
   und Orlando

Zentraleuropa
Moskau/St. Petersburg
Prag

Grosse Reiseführer
Frankreich/Griechenland
Großbritannien/
   Italien/Spanien
Ungarn

* in Vorbereitung